暮らしが整う
「片付けない」片付け

整理収納アドバイザー kayoko

アスコム

暮らしが整う、とは？

暮らしのストレスをなくすこと。

面倒だったり、不便だったり、ガマンしたり、バタバタしたり
それによって誰かにキツく当たったり、がなくなることです。

掃除、洗濯、料理……あらゆる家事を
「よし、やるぞ」と気合を入れなくても
自然に体が動いて、気がつくとできちゃっている
しかも、最小限の労力で——そんな状態にすることです。

家事や育児の〝余計な手間〟を減らしていけば
そのぶん好きなことや、やりたいこと

本当に大切なことができますよね。
自分のための時間、家族との時間を
ゆったりと過ごせます。

だから、暮らしが整うと
暮らしが楽しくなるんです。

暮らしが楽しいと
＝家で過ごすのが楽しい
＝家ですることが楽しい
＝毎日が楽しい
となって、「人生って楽しいなぁ」と思えるようになります
（大げさではなく）。

でも、暮らしのストレスって、実は氷山の一角のようなもので
面倒や不便を感じる、その底には
はっきりと見えていない、
または、うっすら感じながらも
見て見ぬ振りをしている
ごく些細なイラッ、モヤッが眠っています。

考えてみれば、家事や育児の〝余計な手間〟は
自分では、そうすることが
当たり前になっているので、
気づくことすら難しい……。

ここで私からの提案。
なるべく「片付け」ないようにすること！

片付けなきゃと思えば思うほど
おっくうになりますし
ストレスもたまります。
それならいっそ「片付けない」をめざしてみましょう。
やり方は簡単です。

片付けなくてもいいように
ちょっとずつ工夫していく——。
これが「暮らしが整う」なのです。

はじめに

この本を手に取っていただき、ありがとうございます。

『暮らしが整う「片付けない」片付け』というタイトルに興味を持ってくださった、または、なんとなく気になったということは、「暮らしを整えたい」とか「片付けたい」とか、「そもそも暮らしが整うって、なに？」とか、そういう悩みや問題意識がある方なのだと思います。

そんなみなさんを、私は心から尊敬します。

私自身はほんの数年前まで「暮らしを整えたい」とも「片付けたい」とも思っていませんでした。そもそも、自分の暮らしが「整っていない」と気づいてさえいなかったので、「整えよう」「片付けなきゃ」という発想すらなかったのです。

大学生になって一人暮らしを始めて以来、部屋はモノであふれて足の踏み場もありませんでした。

結婚して子どもが生まれても家の中はぐちゃぐちゃ。アパート3部屋のうち1部屋は物置状態でした。

夫が仕事に出かけると子どもを連れて夫の実家へ行き、料理も、皿洗いも、子どもの世話まで、全部義母に任せきりでした。

仕事をしていたわけではありません。ただ毎日、義母の家に入り浸って、自分は一切動かずに時間が過ぎるのを待っていたんです。夫が迎えに来ても、自分のアパートに帰りたくありませんでした。

もともと学生のときにパニック障害を経験し、妊娠後に強迫性障害になったことも関係していたかもしれません。でも、出産後は周りの支えがあって普通の生活に戻ることができていました。だから、そのことは言い訳になりません……。

そんな、「暮らしが整う」とは無縁だった私ですが、マイホームを建てることになり、生活系のインスタグラムを見るようになって人生が激変しました！　救われました！

「新居の設備はどれがいいかな?」「インテリアを素敵にしたいな」と、最初はそんな感じでサラサラと写真を見ていたのですが、ふと「整理収納」という言葉が目に留まるようになったのです。そして気がつきました。


暮らしやすい家は、立派な設備があるからじゃない。

素敵なインテリアは、おしゃれなモノがあるからじゃない。

むしろ……邪魔なモノがないんだ!


余計なモノを処分して、使っているモノだけを持つ。それぞれの定位置を決めて収納する。あとは日々、使ったら元に戻す。

そうです。有名な「整理収納」の考えです。

インスタグラムの中で素敵に見える家、楽しげに家事をする人、心地よくて幸せそうな暮らし、それらはご本人が意識する、しないにかかわらず、必ず整理収納の考えがベースになっている、と感じたのです。

私自身、そのやり方を学んで実践していくほど、ますます整理収納にはまりました。

なぜなら、家の中がどんどん整って暮らしやすくなり、どんなときでもラクにきれいに保てるようになったからです。

そして私は、整理収納アドバイザーとして仕事を始める勇気を持てました。

ラジオやテレビ、いろんなイベントから出演の声がかかっても「喜んで!」とお引き受けできるまでに自信がつきました。


ただ、そこでまた気がつきました。

整理収納の基本である「余計なモノを処分する整理」「モノの定位置を決める収納」、これ自体が人によってはハードルが高すぎて、みなさんそこで挫折しているのです。

余計なモノは処分したほうがいい、と分かっていても捨てられない……。
定位置を決める、と言われても具体的にどうすればいいのか分からないし
大変そう……。

これについてはダメダメ主婦だった私の経験がかなりお役に立つようで
(笑)、私なりの考え方、お伝えの仕方、簡略化したやり方で、「やっと重い
腰が上がった」「それならできる!」と、喜んでいただいています。

暮らしが整う――。
やり方は簡単で、誰でもできます。
でも、できる人とできない人、続けられる人と挫折する人に分かれるのは
どうしてなのでしょうか。
それは、**整えようと思う「きっかけ」をキャッチできるかどうか**の違いだ
と、たくさんのお客さまやフォロワーさんと接して気がつきました。
私のように家を建てるとか、人によっては引っ越しをする、誰かと一緒に

暮らす、子どもが生まれる、というようなドラマチックな転機がある方ばかりではないでしょう。

多くの場合、その「きっかけ」の正体は「暮らしにくさ」です。

日々の生活の中で**少しでもイラッとしたり、なんとなく引っかかったり、モヤッとしたり、嫌だと感じること**。


ところが、たいていはそれをスルーしてしまいます。

昔の私も、家が嫌い、家事が嫌い、とはっきり意識していたというより、むしろ「無」でした。無視、無関心、無感覚、無意識、無知……。

だけど、心の奥底では感じていたはずなんです。家がごちゃごちゃしているのが嫌だとか、クローゼットを開けるたびにモノをどかすのが面倒だとか、探し物ばかりしてイライラしたり、「ママ、○○どこ?」と聞かれるたびにムッとしたり。そんな自分に対してモヤモヤがあって、その後ろめたさからかえって家族にキツく当たってしまったり。

でも、私はそういうのを「当たり前」だと思って無視していました。

そんな小さな「暮らしにくさ」をひとつずつキャッチして整えていくと暮らしは格段に変わるんです！

朝、ドタバタ支度することもなくなりました。夕方、学校から帰宅した子どもとちゃんと向き合う時間もできました。

家族に八つ当たりして自暴自棄になることも減り、いつもザワザワしていた気持ちがスッキリしました。

ぜひ、本書をパラパラ見ながら「そうそう！　私も」と思い当たる些細なイライラや、「私の場合は、むしろあっちが気になる……」と思いついたモヤモヤをどんどん拾ってください。それがあなたの〝暮らしにくさ〟です。

このとき、知らず知らず「こうするのが理想的」と思い込みがちなパターンを《正論》、完璧じゃないけれど「最低限これで整う」やり方を《ズボラ》として紹介しているので、参考にしてください。

私なりの整理収納の基本は、序章（Introduction）にまとめました。引き出し一つでも、家中まるごとでも、すべてに通じる王道のノウハウです。

いま、自分や家族が幸せなら、わざわざ整えたり、片付けたりしなくてもいいと思います。

でも、もし昔の私のようにネガティブな思いが少しでもあるなら、一緒にやっていきませんか？

kayoko

暮らしが整うと……

・部屋が自然に片付く
・モノが増えない
・暮らしや家事がラクに、スムーズになる
・散らかってもすぐ元に戻せる。だからイライラしなくなる
・使いやすい収納方法が分かる&できる
・「やろう」と思ったときにすぐに行動に移れる。「面倒くさい」の気持ちが減る
・探し物がなくなる
・大掃除や衣替えなど、季節ごとの大きな家事が不要になる
・「また元のぐちゃぐちゃの状態に戻ってしまった」がなくなる

つまり、暮らしのストレスがなくなる!

・家族に「片付けて!」と言わなくてよくなる

・家族に「あれどこ？」と聞かれなくなる
・子どもが自分で片付けられるようになる
・子どもが自分で身支度できるようになる
・子どもがおもちゃをどれだけ持てばいいかが分かる
・家族がお手伝いしてくれる

だから、家庭が円満になる。家族が大好きになる！

・自分の家が好きになる
・センスがいいと言われる
・自分の時間がつくれる。時間に余裕ができる
・頭が整理される
・無駄なことに気力も労力も使わなくて済む

おかげで、家時間が楽しくなる！

Chapter
2
洗面所＆お風呂＆トイレ

Chapter 3 洗濯物・衣類管理

Column

Chapter 4 玄関・階段下etc.

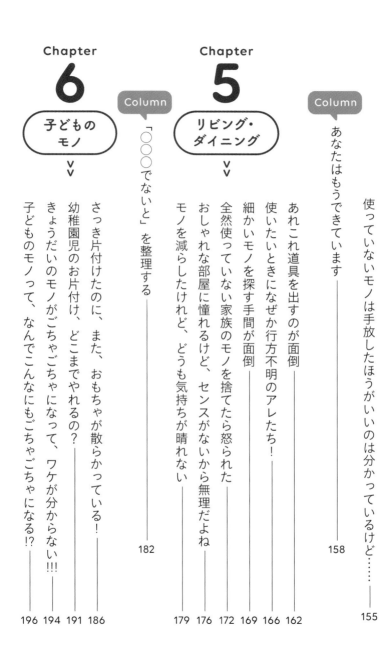

Chapter 5
リビング・ダイニング

Chapter 6
子どものモノ

Column

Chapter 7

番外編

Introduction

kayoko式
整理収納の基本

STEP 1

整理とは、「使っているモノ」「使っていないモノ」に分けること

「整理収納」の最初のステップはモノを捨てる、と、多くの本に書いてありますね。確かに、モノが少なければそれだけ片付けはラクになります。でも、この「捨てる」ということができなくて、整理収納を断念する方がとても多いのではないでしょうか。


私は、こう考えています。

捨てることは目的ではありません。

目的は、暮らしを快適にすること。整理収納はそのためにあります。捨てることがストレスになったり、そこで手が止まったり、悩んであとあと後悔するくらいなら「捨てない」という選択肢もありです。

暮らしを快適にするためには、

使っているモノと、使っていないモノに分ける
使っているモノだけを生活エリアに残す

これだけでいいのです。

使っているモノだけを生活エリアに残すために「捨てる」というのが一番簡単で手っ取り早いのは確かですが、捨てるのが嫌で整理収納が進まないときは、いったん「捨てる」を忘れましょう。

家にスペースがあるなら、無理に捨てる必要はありません。

ただ、使っていないモノが生活する場所にあると、モノを探したり、いちいち選り分けたり、奥のほうから取り出したり、といった余計な手間が増えるし、そのせいで片付かないし、何かと面倒です。

ですので、使っていないモノは、あまり入らない部屋の押し入れなどに移してしま

います。
そうすれば、ふだん生活するエリアには使っているモノだけが残ることになります。

使っているモノとは、「いま使っているモノ」「毎日（毎週、毎月、毎年）使うモノ」「次に使うことが具体的に分かっているモノ」です。

モノは使われるために作られています。例外はありません。使っていないモノは家の中の生活スペースに置いておく必要はないんです。

使わないモノとは、いま暮らすためには必要のないモノ、いまの自分にとって必要のないモノです。

まず、使っているモノだけにする。それも、必要最低限の個数にする。これだけで暮らしのストレスは半減します。

なんだか、味気ない暮らしのように感じるでしょうか？

昔の私は、ずいぶん多くのモノに囲まれていました。クローゼットがギュウギュウなのに新しい服を買って、値札も取らないまま、さらにギュウギュウとクローゼットに押し込んだり。すごくウキウキして買ったのに、しばらくすると買ったことを忘れていたり。気に入って買ったモノたちが埃まみれになっていて、その様子にかえってモヤモヤが増えていたように思います。

あふれるようなモノに囲まれていても、少しも満たされていませんでした。

もう一度書きますが、モノは使われるために作られています。大好きなモノ、大切に思うモノ、高かったモノこそ、ぜひ日常使いにしましょう。そうでないモノは思い切って処分するか、生活エリアの外へ。

好きなモノに囲まれた暮らしは、好きなモノを〝持っている〟ではなく、好きなモノを〝使う〟暮らしなんです。

では、実際に選り分けてみましょう。

まず、場所を一つ決めて、そこにあるモノをすべて出します。引き出し一つでも、クローゼットまるごとでも、階段下の収納でも、とにかくその場所を空っぽにします。

そこから「いま使っているモノ」「毎日（毎週、毎月、毎年）使うモノ」「次に使うことが具体的に分かっているモノ」だけを選びます。

STEP 1

「使えるか、使えないか」ではなく、「使っているかどうか」が基準です。

……と、ここまで頭で理解はしても、最初は迷いますよね。

「いつか使うかも？」そう思ったら、「いつ使ったか」思い出してみましょう。すると、次はいつ使うのか、もう使わないのか、想像しやすくなります。

迷うモノはたいてい、それがなくても結構暮らせます。一度その快適さを実感すると、余計なモノを残しておくより、だんだん「これはなくても大丈夫」という感覚が分かってきます。

趣味のモノ、宝物、写真や手紙などの思い出の品は、ちょっと別です。使うモノではなくても、それを見て癒される、飾ってあるとワクワクする……というように立派な役目を果たしています。

ただし、生活スペースが限られているのなら、やはり枠を決めなければなりません。

私は、子どもたちにもらった手紙などの思い出の品は、娘と息子、それぞれにA４サイズのファイルボックス一つと決めて厳選したモノだけを残すようにしています。

「その厳選が難しい……」という声が聞こえてきそうですが、いいモニターがいます。私の子どもです。

幼稚園児の息子に聞くと、全部「いる!」になってしまいます。そういうときは「好きなモノを10個、ママに教えて」と聞くと、だんだん数が絞られてきて、残すモノを選べます。

大人も同じです。「一番大切なモノから選び取っていく」ようにすると、案外、すんなりと分けられるものです。

生活エリアの外（例えば押入れ）に移した使っていないモノを、1年後くらいに見返してみてください。

その頃には気持ちも変わっていて、心の痛みもなく「もう手放してもいいかな」と思えたりすることが多々あります。

やはり、「捨てる」が暮らしを整えるうえで一番簡単な方法であることは間違いありません。だから、もういいか……と思えたら、そのときは処分することをおすすめします。

STEP 2

収納は、使っているモノを「見える化」すること

収納とは、「モノの定位置を決める」ことです。

と、これも正論なのですが、以前の私はそう言われてもピンときませんでした。

でも、いまは分かります。要するに、

モノを使いたいときにパッと見えて、すぐに取りやすいように置いておく。

これさえできていればいいのです。

わざわざモノを取りに行ったり探したりという余計な動作をしなくても、ついでに、無意識に、手に取れる。これで家事、育児、仕事……日常のあらゆることの面倒が激減します。

そのためには、あらゆるモノが使う場所の近くにあることがポイントです。

はさみを例に説明すると、私はダイニングテーブルで細々とした作業をするので、そこに一つ置いています。同じく、子ども用のはさみも一人一つずつ。子どもたちもダイニングで工作などをするからです。キッチンには料理用のはさみ。それから玄関にもう一つ置いています。手紙を開封したり、段ボールを開けるためです。封筒や梱包資材を玄関で処分できれば家の中に持ち込まずに済みます。

モノは少なければいいというわけではありません。「使う場所に一つずつ」これがベストです。

私がお客さまのお宅に整理収納のお手伝いに行ったときに、必ず聞くことが2つあります。

「一番使うモノはどれですか?」

「誰がメインに使いますか?」

なぜなら、一番よく使うモノを、それを使う人にとって最も使いやすいところに置いてもらいたいからです。これを「ゴールデンゾーン」と呼んでいます。

ゴールデンゾーンとは、しゃがんだり、何かに乗ったり、かき分けたりしなくても、パッと目に入って、つい手が届くところです。

ゴールデンゾーンは人によって違います。目線の位置や腕が届く範囲はまちまちですし、感じ方も人それぞれです。

自宅の収納でも、子どものモノは子どもに、家族の共有物はみんなに「ここなら使いやすい？」と必ず聞いてから定位置を決めるようにしています。

本書では、私やお客さまの例をたくさん挙げていますが、それがみなさんの正解とは限りません。ご自身や家族の生活動線を観察して、一番よく使うモノからそれぞれのゴールデンゾーンに置いていってください。

置く場所が決まったら、次は「見える化」です。

お店では全種類の商品が見えるようになっていますよね。家の中もあの状態が理想です。

お店で商品が見えないと、店員さんに聞いたり、ストックを探してもらったりする手間が生じてしまいます。同様に、例えば、はさみを使いたいときに、はさみがパッと見えないと、脳の中でいちいち同じような面倒が起きるんです。

私たちは一日の中でこれを無数に繰り返しています。それが積もり積もって「面倒くさい」という感覚になっているんです。

ただ、お店のように「見える化」したくても、家庭内のスペースには限りがありますよね。ここで収納のテクニックが必要になってきます（モノが少なかったりスペースが十分にあったりして、すべてのモノが見える状態なら収納テクニックは必要ありません）。

整理収納アドバイザーなら、さぞかし収納テクニックに長けているように思われるかもしれませんが、私がやっているのは主に次の3つだけです。

テクニック① 「仕切る／立てる」

例えばハンカチのコーナーや靴下のコーナーをグループ化してまとめること。同じようなモノがあちらこちらにあると、どうしても見つけにくくなります。

それから、積み重ねないで立てるようにします。こうすると、多くのモノが上からパッと一目瞭然です。さらに、取り出しやすく、戻しやすいのです。

STEP 2

テクニック② 「ラベルを貼る」

こんな小さな仕掛けで、見つける→取り出す→使う→戻すという一連の動作が、何も考えずに、勝手に体が動くようになるんです。

テクニック③ 「2〜3割のゆとり」

スペースに対してピッタリ詰め込んでしまうと見にくいですし、そもそもギュウギュウ詰めでは取りにくく、また、使ったあとに戻しにくいのです。

「では、1割くらいゆとりがあればいいのでは?」と思うかもしれませんが、それでは新しく買い足したりもらったりしたモノが入らなくなります。すると「とりあえず、ここに置こう」と別の場所に置きたくなってしまいます。せっかく整理収納してもまた元の状態に戻ってしまった、なんて悲劇は、ほぼ、ここに原因があります。

以上、ここまでで暮らしの土台が整うことになります。

具体的に何をどうするのか、私やお客さまがやってみてよかったことなどは、47ページからたっぷりご覧ください。

STEP 3

片付け、じゃない。「戻す」だけ！

ここまでの整理収納が終わると、信じられないくらい暮らしがラクに、家事が簡単になります。ぜひ、この大変化をみなさんにも実感していただきたいと願っています。同じ24時間がまったく別ものに感じられることでしょう。

以後やっていくのは、日々の片付けです。

片付けというと、いきなり重く感じますか？　確かに、うちの子どもたちなんて「片付けようね」と言うと、私に見えないように隠しておしまいだったりします。

そこで私も反省しました。「片付けようね」ではなく、「使ったら元あったところに戻そうね」と言葉を掛けることにしました。

戻すだけなら幼稚園児の息子も自分でちゃんとできます。そもそも、超ズボラな私自身、負担を感じなくなりました。

STEP 3

私が整理収納を知ってよかったなぁと心底思うのは、どんなに散らかっても「戻そうと思えば戻せる」と余裕で構えていられることです。「あー、散らかった」と思っても、戻すのには意外に時間はかかりません。

日中はぐちゃぐちゃでも、寝る前には戻すようにする。これなら10分くらいです。平日はほったらかしでも、金曜日にはリセットする。それでも30分くらいでしょうか。

もちろん一番ラクなのは、使ったらすぐに戻す。これなら1秒です！

これを知っていると本当に気持ちがラクです。「まっ、いっか。できるときにやれば」と思えるので、どんなに忙しくても、子どもたちが汚くしても、イライラしなくなりました。

ところで、「一度、整理収納をするとリバウンドしない」と、聞いたことはありませんか？

確かに急激に元の状態に戻ることはありませんが、私はメンテナンスは必要だと思っています。

なぜなら、生きていれば確実にモノは増えるからです。しかも、モノは外に出すより家の中に入ってくるほうが簡単なんです。

今後も間違いなく、あっという間にモノは増えるでしょう。そして、その中で、だんだん使わなくなるモノや、新たに頻繁に使うようになるモノなどが出てきます。それによって「あ、ここ使いにくい」と思う場所は日々変わります。

ですから、一度、整理収納したとしても定期的にちょこちょこ見直しは必要になってくるんです。

逆に言うと、最初から完璧にしようとしても、結局、無駄になってしまいます。ですから、「とりあえず試してみよう」「これで様子を見てみよう」「あとでまた見直せばいい」くらいの気軽な気持ちで進めると手が止まりにくいと思います。

まず、小さな「スッキリ」を感じる。楽しくなって続けたくなる

暮らしが整うと毎日が楽しくなって人生まで豊かになるなんて、数年前の私には想像もできませんでした。

まず、家が大好きになり、育児も楽しめるようになりました。あんなに面倒でたまらなかった料理でさえ先生について習うほど、意欲的に取り組んでいます。

8歳の娘と6歳の息子にとってもこの家は過ごしやすそうで、自分のことは自分でできるし、お手伝いもしてくれます。

夫も「家に帰ってくると気持ちがいい」と言ってくれて、自分から料理や片付けなど、まめに動いてくれます。

なんといっても整理収納を仕事にするまでのめりこみ、こうして本まで出すことができるなんて……最初に書いた、あんな暮らしをして超ネガティブだった私が、です。

さらにコーチングの勉強や、時間マネージメントコーチの資格まで、次々にやりたいことや素晴らしい仲間に巡り合えています。

いま、生まれて初めて「自分の人生を生きている」という実感が持てています。


そうなれたのは、暮らしを整えた、ただそのおかげです。

私自身は何も変わっていません。相変わらず不器用で、ズボラで、おっちょこちょいで、面倒くさがりやです。

新しいとはいえ家は狭いし、ついでに言うと強迫性障害も残っています。

だけど、断言できます。仮にまた以前のアパートに戻ることになっても、いまの私ならちゃんと楽しく暮らせます。


以前の私は「暮らしを楽しむ」とか「好きなことを仕事に」とか、そういう感覚がまるで分かりませんでした。

どうしたらそうなれるかもまるで想像できず、そういうのは、もともと特別に生まれついた人や、特別な努力をした人や、特別な幸運に恵まれた人なんだと思っていました。

でも、違いました。

ありふれた日常の、本当に些細なことを一つひとつ、心地いいものに変えていく。

嫌なことをやめていく。やめるためにはどうしたらいいかを考えて、工夫していく。それだけでよかったんです。

まるでオセロゲームのように、白が一つ増えて、少しずつ多くなって、あるとき一気にボードの上の色彩が変わるように、すべて変わってくれるんです。

私にとって一つ目の白は「キッチンリセット」でした。インスタグラムで「調理台の上とシンクの中を何もない状態に片付ける」というのが流行っていて、ちょっと試してみたんです。

やってみたらスッキリしました。ドラマチックな感動とかではなく、小さなスッキリ感です。でも、そのおかげで「整理収納って楽しいかも」と思えたんです。

少しでも「気持ちいい」を感じることができたら、そこから「心地いい」「暮らしやすい」を増やすのは意外と簡単です。少しずつ、少しずつ心地よさを広げていきましょう。

本書に紹介したことの中で、なるべく簡単にできそうなこと、すぐに試せそうなことをどれか一つ、ヒントにして試していただければと思います。

何から始めるか？どこから整えるか？

整理収納を始めるのにおすすめは、毎日使うところです。なぜなら、効果が実感しやすいからです。

「じゃあ、キッチンだ！」とヤル気に満ちた声が聞こえてきそうですが、いきなりキッチン全体は疲れ果ててしまうと思います。一番よく使う引き出し一つから始めてみてください。

冷蔵庫も取り掛かるにはいい場所です。食品は賞味期限があるので「使う／使わない」が機械的に判断できます。

同じ理由で常温の食品ストック棚も手をつけやすい場所です。

間違っても、思い出の品などから始めないようにしましょう。写真や手紙など、つい見入ってしまったりして、なかなか整理が進みません。

事務的な書類でさえ、なかなかやっかいです。読まないと「使う／使わない」を判断できないので、意外と時間がかかります。

そういうモノが集まりがちなリビングルームは最後にやることをおすすめしています。

リビングを最後にしたほうがいい理由はもう一つあります。

そこには家族みんなのモノが混在しています。たとえ家族でも、どんなに小さな子どもでも、自分以外のモノは勝手に判断しない、というのは整理収納アドバイザーの心得の一つです。

整理収納は自分のモノから、自分のモノだけ。
家族のモノは、みんながいるときに、一つひとつ聞きながら。

「これいる？」「これ使っている？」「どこで使う？」「いつ使う？」「大切なの？」その答えは本人にしか分かりません。だから、ゴールデンゾーンはどこかとか、置く／掛ける／引き出しなど、どれが取りやすいのかも、家族だってまちまちです。

それを一つずつ自分自身で判断しないと、結局すぐに元の状態に戻ってしまいます。

手間がかかるようでも、整理収納の段階で聞いておくと、家族全員にとって暮らしやすい家になります。すると自分のことは自分でしてくれる、それぞれが自分で片付けやすくなる、「ママ、あれどこ？」と聞かなくなる、「あれ探して」と言わなくなる……いいことばかりです！

センスよく見せたいなら「色」だけ揃えてみる

こうして家を整えていったら、「センスがいい」と褒められるようになりました。

正直、これには自分でも驚きました。

もともとセンスがいい人間ではありませんし、インテリアの勉強をしたわけでもなく、もっと言えば「センスよく見えるように」とがんばったつもりもありません。


ただ、**生活エリアにあるモノを使っているモノだけに絞っていくと、それだけで素敵に見える**ようなんです。


また、その過程で自分が心地いいと思うモノだけを選んでいくことになるので、自然に統一感が生まれます。

私の場合なら、白色や白木のモノ。これは意図的にそうしたわけではなく、見るとほっとしたり、気に障らないモノを残していった結果、自分の好みがはっきり分かるようになりました。

そして、見た目が自分好みで揃っていると気分がいいことが分かったので、新しく買うモノも同じトーンで合わせるようになりました。そうやっていくうちに、全体が一体化して見えて、それが「センスよく見える」につながったようです。

つまり、私のセンスの秘訣は「必要最低限のモノにして、色を揃える」。以上です(笑)。

ちなみに、昔は物欲の塊のような人間で、見ると手当たり次第買ってしまう傾向がありましたが、整理収納を身につけたおかげで、それも収まりました。

いまは、自分にとってベストなモノを見つけると「それだけでいい」と思えます。タオル、ハンガー、マグカップ、スプーン、箸などは同じメーカーのもので統一し、浮気心はわきません。それでますますスッキリ見えるようです。

ついでに言うと、最近は靴下や下着も1種類、トップスは仕事用と普段用でそれぞれ1種類、普段履きの靴は1足です。「おしゃれ」と思うモノをあれこれ買っていた時代と比べて、おしゃれじゃなくなったのかもしれませんが、いまのほうが「センスがいい」と言われます。

ちょっと不思議な気分です。

家族が片付けに協力してくれないときは？

自分は暮らしを整えたくても、家族が協力的でなかったら？

自分のモノだけを淡々と片付けていけばいい、と私は思っています。

とにかく自分のエリアの暮らしを整えてスッキリしたり、気分がよくなるのが一番です。それを見て、家族が何かを感じてくれたらラッキーくらいに思っています。

片付けは、暮らしのストレスをなくすためにやるものです。

「片付けて！」と言ったり、言われたりすることでストレスが増すようなら、片付いてないほうがいい、とさえ思っています。


昔の私も、夫に「片付けて」と言われても、全然やる気になれませんでした。自分で気づくことがあったり納得できたからこそ、ここまで続いています。

いま勉強しているコーチングでも人を変えるというのはなかなか難しいと言われま

す。でも、自分だけなら変われます。そして、自分が変わると環境がちょっとずつ変わります。

まずは自分が楽しむ。好きなモノに囲まれて心癒される場所にして、家にいるだけで幸せだと感じられる空間にする。そうやって楽しみながら暮らしを整えていく。

そんな自分を家族に見せられるだけでもいいんじゃないかなと思います。

次の章から、私やお客さまが感じていた暮らしのストレスや、私の整え方の試行錯誤をたくさん紹介していきます。

ただ、私の整え方は、あくまで私にとっての正解です。家族間でも使いやすさ、暮らしやすさが違うように、ご紹介する方法がみなさんのベストとは限らないかもしれません。

でも、だからこそ、本書にたくさんの方法を書いてみました。すべてがドンピシャ！とはいかないかもしれませんが、お客さまやフォロワーさんから「参考になった」「アレンジしやすい」と好評だったものを集めました。

ご自身に合うかどうか、楽しみながらあれこれお試しいただければ幸いです。

Chapter 1

キッチン

買い置きがあったのに、また買ってきてしまった

収納の引き出しに入れようと思ったら、あ！ 同じモノがあった！ 一つならまだしも二つもあった！ しかも賞味期限が切れている……。

買い過ぎを防ぐためには、どのくらいストックがあるのか記憶しやすくすること、なんですが、毎日忙しいと、急いで買い物をして急いで収納して……の繰り返し。どれくらい食品のストックがあったか、覚えておくのは大変ですよね。そこで収納を見直すと、買い物の仕方まで変わってくるんです。

ストックを全部出してみて、適量を知る

ストックしておくほうがいざ買い物に行けなかったときに便利で安心という心理

が働きますが、実はこれが暮らしのプチストレスを生んでいます。

引き出しや棚にいろいろな食材がギュウギュウに詰まっていると、全体の量が分かりにくいですよね。パッと見たときに何がどれだけあるか把握できず、ついなかったような気がして、また買ってくるということが起こってしまいます。

一度、食品のストックを全部取り出してみましょう。そうすると、出てくる、出てくる！　きっと記憶よりも大量で驚くと思います。


賞味期限切れの食品がたくさん出てきてショックを受けると思いますが、これがリセットするいいチャンスです。残念ですが、廃棄するしかありません。心が痛むと思いますが、廃棄したモノのぶん、スペースに余裕ができて使いやすいキッチンになります。

また、家族の食の好みや、自分の味の傾向も見えてきます。例えば、栄養価が高そうだからと買った豆の缶詰は家族が好きでないので結局使っていない。一度試してみようと買ったエスニックスパイスはやっぱり使わずじまい……。

そうやって長期間ストックされたままの食品の傾向が分かると、次からは無駄買いをしなくなります。

賞味期限切れの食品を処分したら、次は、ダブっている買い置きを見てみましょう。ダブっているモノは、使いきれるのか？　そんなに必要なのか？　と考えてみます。そんなに必要なかった場合は、自分の買い物のクセを見直しましょう。

✕ 正論　ストックはたくさんあるほど安心

◯ ズボラ　絶対に使うモノだけ一つずつ

深くて大きい引き出しの中は、整理用ボックスで「見える化」

さて、収納です。ファイルボックスなどを使って「乾物系」「麺類」「缶詰」などとグループごとに仕切っておくと、分かりやすくなります。

ただ、ボックスの中でモノを重ねてしまうと下のほうが見にくくなって、結局忘れてしまうので、なるべく立てられるモノは立てるようにします。

ふりかけのような、小さくて倒れやすいモノは立てても見にくいので、フックでかけられる小物入れを使うと見失いません。

これで、引き出しを上からざっと俯瞰して「何と何はある!」とひと目で分かるようになり、そのおかげで無意識に記憶できるようになります。

✕ 正論 重ねて省スペース収納
○ ズボラ 立てて上から見えるように

棚に置く収納は、ラベルで「見える化」

棚に置く場合は整理用ボックスに入れている方が多いと思いますが、忙しいと「とりあえず入れておく」を繰り返してしまい、最終的にいろいろな種類の食品がまざってしまいます。

整理用ボックスもグループ別に分けて、ラベルを貼ります。

できれば中が見える透明なボックスのほうが分かりやすくておすすめです。

しかも、丸い箱より四角い箱のほうがスペースを無駄なく使えます。

ラベルは家の表札のようなものですから、これだけで「お客さまが隣の家に間違って行ってしまう」というようなことがなくなります。
そして、ボックスの中も、ひと目で分かるくらいの量しか入れません。これで探す時間がぐっと短縮できるし、余計な買い過ぎを防止できるようになりました。

✕ 正論 隠してオシャレに収納

◯ ズボラ 透明ボックス&ラベルですぐ分かる

引き出しを開けた瞬間に、パッと何があるか分かればストックを覚えやすく、ダブって買ってしまう失敗も防げます。乱雑になりがちな引き出しは、ボックスなどを使って仕切ると分かりやすくなります。

!

冷蔵庫のアレ、食べようと思ったら、賞味期限が切れていた!!!

よく食べるので多めに買い置きをした食材。冷蔵庫から取り出して、いざ食べようと思ったら、賞味期限が切れている！　うっかり先に新しいものを食べてしまっていた……。

毎日の暮らしに欠かせない冷蔵庫ですが、難点は奥行きが深いこと。奥に入れてしまうと手が届きにくかったり、前にあるモノで見えなかったりで、ついつい手前から先に食べてしまいます。

我が家では、食べる頻度が高い豆腐と納豆はいつも多めに買ってストックしていま

ボックスに仕分け、賞味期限が近い順に、前から後ろへ整列させて、手前から使うようにします。
このルーティンを覚えてしまえば、もう食材を無駄にしません！

すが、食べようと思ったら賞味期限が過ぎていた！　もったいない！　ということもしばしばでした。

そこで、奥行きのあるプラスチックケースに入れて、賞味期限の近いものを手前に並べ、期限が遠いものとまざらないよう仕切りをつけるようにしました。

賞味期限が近いものを食べきって、新しいものを追加する場合は、ケースの向きを変えて、最も期限が遠いものが奥になるようセットします。

野菜室や冷凍庫も考え方は同じです。

✕ 正論　賞味期限順に並べておく

〇 ズボラ　ケースごと向きを変える

特に冷凍庫は保存できる期間が長いのをいいことに買ったことを忘れることもあるので、同じようにケースに入れて、手前に賞味期限が近いものを並べています。

これで、楽しみに食べようと思っていたのに賞味期限が過ぎていた！　という悲しいことがなくなって、食品ロスも防げるようになりました。

冷凍庫の中にもっともっとストックしておきたい！

冷凍庫にもうちょっとストックできたら、買い物に行く回数も減って助かるのになあ。うちの冷凍庫、狭くて食材があまり入らない……。

買い物に行こうと思っていたけど急に雨が降ってきたなんていうとき、冷凍庫に食材がたくさんあればなんとか料理ができて助かりますよね。それも食材があればあるほど！

せっかくの冷凍庫です。私は徹底的に活用しようとスペースを確保しました。

整理収納の基本は、まずは全部外に出すことですが、冷凍品ですからゆっくりやっていたら溶けてしまいます。あらかじめ期限のチェックや、野菜・肉・冷凍食品などの分別、収納の仕方をしっかり計画しておきます。

冷凍庫の収納も、ポイントはやっぱり「仕切る／立てる」！

整理用ボックスや仕切りを使って立てて入れ直してみると、狭いと思っていた冷凍庫にもたくさん入って、しかも見やすい！　取り出しやすい！

使っているアイテムは全部100円ショップのセリアで購入しました。

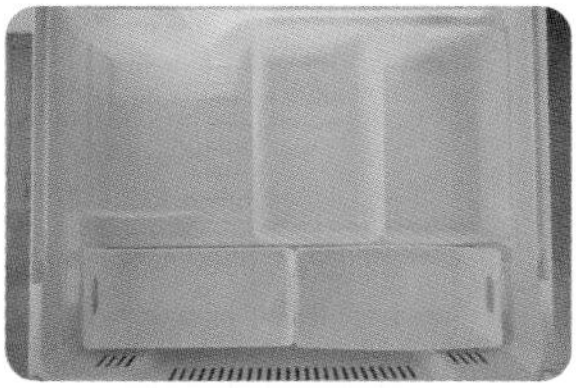

各スペースをボックスで「仕切る」、モノを「立てる」で冷凍庫を最大限に活用。
大小・長短、多種多様なボックスが売っているので、冷凍庫のサイズに合わせて工夫してみてください。
ピタッとスペースに収まると、気持ちまでスッキリしますよ！

冷蔵庫にないと思って新しく開封したら、あとから出てきて悔しい!!!

練りからしやワサビなどのチューブ類、冷蔵庫のポケットを見ても見当たらないので、もうなくなったのだと思い、新しいものを開けたら、あとからポケットの上段から出てきた……。

冷蔵庫のポケットは、目線の位置なら何を入れているかだいたい分かりますが、上段は目が届きにくいですよね。そして、ポケットは立てると倒れやすいため、寝かせて重ねてしまうので、余計に何を置いたのか分からなくなりがちです。ポケットにあるのを気づかず、新品を無駄に開けてしまったときのショックは大きいですよね。特に頻繁には使わないスパイスならなおさらです。

そこで私は、どんなものも見失わないように冷蔵庫のポケットは何でも立ててしまっています。チューブ類やバターなども立てることで、見やすい上に、スペースも有効に使えます。

100円ショップなどで売っているチューブ立てや仕切りを使えば、倒れる心配もありません。

これで取り出したり、戻そうとするたびにイライラすることもなく、なんだか「料理が面倒だな」という気持ちまで薄らいだ気がします。

冷蔵庫のポケットに立てて並べれば、いろいろチューブの場所が一目瞭然！　探す手間が省けるだけで料理へのモチベーションが変わってきます。

保存容器の蓋をしめようと思ったらサイズが合わない！

保存容器に料理の残りを入れて蓋をしめようと思ったら、あれ？　サイズが違う。これの蓋どこ行った〜？

便利だからと、いろいろなサイズを取り揃えている保存容器。蓋をしめて収納すると場所を取るので、容器を重ねて、蓋は別にして収納していますよね。

それは正解だと思うのですが、使うときになって蓋と容器が一致せず、トランプの神経衰弱のように蓋を探し回った経験ありませんか？

そのたびにイライラしていた私は、保存容器の種類を統一させました。大きさは3種類ほど。同じメーカーのモノなので、大きささえ同じならどの蓋でもしまります。

✕ 正論　容器は重ね、蓋は別に収納

ズボラ 同種類で大きさは3種類に限定

たまに、入れたい量に比べ、容器がちょっと大きいこともありますが、「大は小を兼ねる」の精神で、多少のことには目をつぶります。逆に入りきらず、容器を2個使うこともありますが、それもOKです。

保存容器は種類があると便利なようで、かえって手間を増やしていたことに気がつきました。種類と大きさを絞って整理用ボックスに入れておけば、蓋を探す手間もなく、なんといってもスッキリ収納しやすい！

イライラする容器と蓋を合わせるパズルはもうおしまい。「同種類・3種」の法則がスペースをスッキリさせて、毎日をラクにします。

！

やっとごはんができた！と思ったのに、お箸やスプーンを探してガサガサ、ゴソゴソ

キッチンってモノがいっぱいあって、欲しいモノが欲しいときに探せない！　しかも毎日、毎回、一日三回……。

キッチン用品はアイテムの種類が多いだけに、整理収納の難所だと思われています。収納の引き出しがたくさんありすぎて、かえって使いこなせないというお悩みもよく聞きます。

でも、やるべきことは、基本となる「グループ化」と「見える化」です。

ざっとアイテムごとにグループ化して、引き出しの中もさらにグループ化してまとめる、重ねない、見てすぐ分かる、を意識していきましょう。

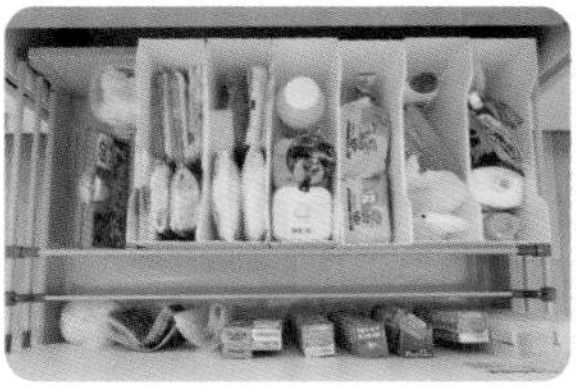

「見て分かる」は、取り出しやすさ、しまいやすさの一挙両得です！
毎日続く食事の用意。一度、キッチン中を「グループ化」してしまえば、出す、しまうがスムーズになって、ラクがずーっと続いていきます。

我が家のシンク下の引き出しは写真の感じです！

ちょくちょく使うモノは、一番取り出しやすい段の手前に入れて、アイテムごとに分けてしまっています。

ちなみに、大人用の箸は夫用、私用、客用などと分けずに、1種類にしているので、パッと手に取れば一発で揃います。

✕ 正論 家族それぞれお気に入りの箸

◯ ズボラ 箸は1種類。組み合わせなくていい

子どもが学校に持っていくモノは娘用と息子用で別々にしています。

ふきんやタオルも重ねて入れると取り出すときにグチャッとなるので、一枚ずつ立てて収納しています。

「それ自体が手間じゃないですか？」と聞かれることもありますが、まざってしまった中から探していた頃よりずっとラクになりました。

戻すときも分かりやすいので、ズボラな私でもきれいな状態を保てています。

！急いでいるときほど、お皿が取り出しにくい

早く料理をテーブルに出したい！　あのお皿が似合うけど、取り出すのが面倒だから、こっちのお皿で妥協。和食を洋食器で出してしまった……。

料理を食卓に出すまでに時間の余裕を持って準備をしたいと思っても、忙しい毎日ですから、そんな余裕などなかなか作れませんよね。

時短するにはどうするか。私は食器を取り出す手間を少しでも省けるように、食器棚を整理しました。

まず、取り出す棚の位置を見直しました。

一般的に使いやすいのは中・下・上の順番だと言われていますが、それは身長によっても違います。自分にとって一番取り出しやすいゴールデンゾーンを見つけると、

ものすごくラクになります。

私はやはり中段と下段が使いやすく、そこに出し入れの多い、一番使う食器を入れています。

❌ 正論 取り出しやすい位置は中・下・上の順

⭕ ズボラ 身長や食器棚の配置によって変える

お皿を重ねるのは2種類まで

食器を重ねて収納すれば、たくさんの数が入ります。だけど、違う種類を重ねてしまうと、食器を取り出すのが面倒になるんです。

私は食器を重ねるのは2種類までにしています。2種類なら下にある食器を取るときに、片手で上の食器を持ち上げて、もう片方の手で下の食器を取り出せるのでスムーズです。

✕ 正論 重ねればたくさん収納できる

〇 ズボラ 重ねるのは2種類まで

これが3種類になると、どうでしょう？　一番下にある食器を取ろうとするたびに、まず一番上の食器をわざわざどこかに置いてから、次の食器を持ち上げて……と手間が増えます。「それくらいのこと？」と思うかもしれませんが、毎回、しかも急いでいたり疲れていたりすると、こういうことがストレスになって、料理を作ること自体が面倒に感じてしまいます。

それに、一番下にある食器が料理によく合うと分かりながら、ついつい上の食器ばかり使うことになりがちです。せっかく豊かな気持ちで暮らしたいと思って食器を買い揃えても、使わないなら単なるお金の無駄遣いになってしまいます。

奥のモノを取り出しやすくする

棚の奥のほうにある食器も取り出しにくいですよね。

そこで私は食器の種類別に整理用ボックスに入れることにしました。引き出し感覚で取り出せて、前に置いたモノをいちいちどかす手間が省けます。

お茶碗、マグカップなど、幅や深さに合わせて使いやすい整理用ボックスを探しました。しかも、ボックスを同じような色で揃えたので、食器棚を開けたときにスッキリと見えるのも気に入っています。

もちろん、ボックスに入れた食器も2種類以上は重ねないようにしています。

食器の数を見直してみる

重ねないと食器棚に全部収まりきらないというのなら、種類や数を見直すべきかもしれません。そして、大事にとっておいたお気に入りをどんどん普段使いにしませんか？

私は特別な食器と普段使いで分けるのをやめたら、食器が少数精鋭となって、食器棚に余裕ができました。

✕ 正論 特別な食器はしまっておく

◎ ズボラ 特別な食器こそ普段使いに

みなさんも、高級な食器、新しい食器、特に大好きな食器は、普段は使わずに大事にしまっているかもしれません。でも、それを使う機会は1年に何回あるでしょうか？　せっかくのお気に入りの食器なのに、お披露目の場が少ないのはもったいない……ですよね。

大好きな食器をちょくちょく目にすると、テンションが上がって食事の時間が楽しくなります。「疲れたなあ」というときも、好きな食器のおかげで癒されたりします。

なんといっても、料理するのが楽しくなります！

取り出しやすい位置に。
重ねるのは2種類まで。
数を見直す。
お気に入りを揃える。
……これで、とっても使いやすく、楽しい気持ちになっていきます。

！

食事したあと、のんびりしたい！ だけど、シンクは洗い物の山

一日の疲れもピークの夕食後、食器を洗うのは面倒くさい、いっそ、明日の朝洗おうか……。だけど、次の朝を想像すると、それもうんざり。

そんな思いをだいぶ軽くしてくれるのは「食洗機」。それでも、時短できないのは「食洗機に食器が入らない問題」があるから。

少しでも多くの食器を食洗機で洗いたい！　と、考えて、我が家の食器棚のアイテムは買い替えるごとにだんだんと変わっています。

まず、「材質」。必ず「食洗機対応」のモノを選ぶこと。これで、食洗機に入れられず、シンクに洗わずに放置して、使いたいときに使えないというプチストレスもなくなり

ました。最近はおしゃれな食器も食洗機で洗えるタイプが増えているのもうれしいです。

そして「形」。深さのある食器や大きすぎたりする食器は、平らなお皿に比べて場所を取るので、食洗機に入れられる量が減ってしまううえに入れにくい。

本当は深みのある器に入れたほうが見栄えがしそうな料理も、平らなお皿を使えば食洗機にスムーズに出し入れできるうえ、一度に多くのお皿を洗うことができるので、私は時短優先と割り切っています。

× 正論 食器選びのポイントは、料理が映える

○ ズボラ **食器選びのポイントは、食洗機対応**

食洗機対応の食器類を選ぶこと。そして、できるだけ多く食洗機に入れられる形を使えば、食事のあとにのんびりする時間が増えますよ。

夕食の用意をするのが面倒！苦手!! 夕方になると憂鬱になる

予定より仕事が長引いて、帰宅時間が遅れそう。夕食の準備、間に合うかな……。子どもに話しかけられて思うように料理が進まないんだよな……。

毎日の予定って、そうそうピシッと時間通りに進みませんよね。そのシワ寄せで夕方の時間はモヤモヤがたまってきます。特に私は料理が苦手なので、いつも夕方はモヤモヤしていました。
でも、成長期の子どもたちにちゃんと栄養を摂らせたい。
その気持ちとの板挟みで、さらにモヤモヤは膨れてしまいます。

そこで、ちょっと生活サイクルを変えてみました。朝の時間の有効活用です。

朝食を作るのですから、調理道具などはすでに出してあります。だったら、ついでに夕食まで作ってしまおう、と決めたのです。

もちろん、料理は作りたてが美味しいのですが、先に作っておくことでその後の仕事も集中してはかどります。おまけに夕方は子どもたちと一日の出来事を話す時間が増えました。

夕食の献立のうちの1品だけでも、下ごしらえをしておくと、時間も気持ちもずいぶんラクになります。

✕ 正論 料理は作りたてが一番

◯ ズボラ 気持ちがラクになるのが一番

朝やってしまうことで、一日中「夕ごはん、何にしよう」とモヤモヤ考えることがなくなり、一日スッキリ過ごせます。私にとっては、面

常識や思い込みを変えて前倒しでやってみると、あとの自分をラクにしてくれることがたくさんあります。自分がご機嫌でいられることは家族の笑顔にもつながります。

倒、嫌だ、時間がかかる……と思うものこそ先にやってしまうほうがラクだと気づきました。

当たり前だから、普通だから、今までもそうしてきたからと思っていることも、やる時間を変更してみるだけでも気づきがあるかもしれませんね。

！

料理するたびに液や油が飛び散って……。料理と掃除はセットなの!?

せっかくきれいに拭いたばかりのキッチンカウンターやＩＨなのに、料理すると、すぐに液だれしたり、あっという間に汚れて嫌になっちゃう。

私は卵焼きを作るとき、お味噌汁のお椀で卵を溶いていました。

お椀からフライパンに移すたびに液だれして、ＩＨの上が汚れてしまい、毎回「あーあ……」と思うものの、「嫌だけど仕方ないや」と、ちょっと我慢をしていたのです。

ある日、大好きなインスタグラマーの投稿を見ていたら、ボウルから液だれせずに卵焼きを作っているではありませんか！　「え？　ボウル状の器から溶いた卵を流し込んだら、どの容器からも液だれするんじゃないんだ！」と知りました。

さっそく我が家のボウルで試してみたら、液だれなし！　長年のプチストレスが一瞬にして解消しました。

この一件から、「知ると知らないとじゃ、大違い！　知るって大事だな」とあらためて感じました。

立場を変えて考えてみると、私が整理収納アドバイザーの仕事でお会いするお客さまは、私が当然と思って使っているモノをご存じない場合が多いのです。私が近所のホームセンターで見つけた、ちょっとした収納グッズにとっても感動してくださいます。

「ちょっと助かる」が集まれば、「とっても助かる！」に変わっていきます。今より「使いやすいモノ」はきっと見つかります。それが毎日の暮らしの応援団になるのです。

私の卵焼きと同じですね。

知ることは、暮らしが快適になる第一歩です。

当たり前だと思っていること、仕方ないとあきらめてきたこと、我慢していたこと……。

「もしかしたら、なんとかできるんじゃない？」そんな目で家の中を見渡していきませんか。

✕ 正論 家事は「こうするもの」に従う

〇 ズボラ **「別の方法もあるかも？」と探してみる**

整理収納は奇跡を起こせる

ひなまつりの日。
家族で楽しくお祝いしたいな、と思って
夕食には子どもが喜ぶメニューをいくつも並べました。

これって、私にとっては奇跡なんです。

家事の中でも料理は大の苦手でした。
前の家に暮らしているときは
お節句だからといって特別なメニューを作ろうだなんて
考えたこともありませんでした。

ところが、今はキッチンが使いやすいように整っているので
気持ちに余裕ができて

Column

やろう！　と自然に思えるように
なったのです。

私の願いは、家族と楽しく暮らすこと。
子どもの笑顔を思い浮かべたら、
自然に身体が動く私になっていました。

整理収納の効果ってすごい。
私ホント変わったな、
人間って変われば変われるんだな、
って実感しています。

Chapter 2

洗面所＆お風呂＆トイレ

洗面所がもっと広ければ、もっと使いやすいだろうなぁ

洗面所には洗濯機など必要なモノがいっぱい！　ついつい床にまでモノを置いてしまって、余計に狭くなって使いにくい……。

我が家の洗面所は一坪で、脱衣所も独立していません。もっとたくさん収納がある広い洗面所に憧れましたが、リビングの広さを優先させた結果、これが精いっぱいでした。

でも、メリットもあります。近くに洗濯機があることです。子どもの汚れた服など洗面台で洗ってそのまますぐ洗濯機に入れられるので、便利です。

デメリットは、どうしても収納が少ないこと。そして、子どもが思春期になった頃、お風呂に入っているときは、ほかの家族は洗面所に行って手が洗えないのかなぁなど、

考えてしまいます。まぁ、不満もありますが、今はなんとか満足できるように整えました。

上にある棚には、掃除用洗剤、シャンプー類、洗濯用洗剤などのストックを、整理用ボックスに仕分けして入れています。取りやすくするため、下のほうに取っ手がついているタイプのボックスに入れました。

高い位置にあって、何を入れてあるか見えないので、ボックスに内容を書いたラベルを貼っています。これだけでも、だいぶ便利に感じます。

ちなみに、洗濯用洗剤は1種類に絞っています。普段用とおしゃれ着用などとあれこれ使い分けず、柔軟剤も使用していません。それでもちゃんと衣服のお手入れはできますし、何より省スペースになるので、これでよし、と思っています。

✕ 正論 洗剤を使い分ける。柔軟剤にこだわる

○ ズボラ 洗濯用洗剤は1種類に絞る

スペースが少ないと、ちょっとした家事も不便に感じることがあります。

特に、洗面所は髪が落ちたりしてまめに掃除をしたい場所ですが、床にモノがあるといちいちどかさなければならなくて、どうも億劫に感じます。

そこで、吊るせるモノはなんでも吊るすことにしました。この「吊るす」という技が掃除をしやすくするポイントです。もちろん掃除用のコロコロも吊るしています。

ちょっとずつですが工夫を積み重ねて、ずいぶん使いやすくなった我が家の小さな洗面所です。

手の届きにくい高い位置の棚も、取っ手付きのボックスを使えば、グッと使いやすくなります。何が入っているかすぐ分かるよう、ラベルを付けることも忘れずに。

雑然とした洗面台まわり、モノがいっぱいで使いにくい

家族が洗面台のまわりにいろいろモノを置くので、いつもごちゃついていて、何かしようとするたびにイライラする……。

洗面台って本当に汚れますよね。

時間のない朝にメイクをしたり、出がけに使う場合が多いので、「遅刻する！」と焦って使ったモノを出しっぱなしにしたまま飛び出す、なんてことも多いと思います。

どうしてつい出しっぱなしにしてしまうかといえば、そもそも洗面所の収納スペースが使いにくいから。洗面台の鏡裏の収納も狭くて、使い勝手がいいとは言えません。

でも、家のスペースには限りがあります。収納スペースのせいにしていても仕方ないので、私は洗面台のまわりに置くモノを極力減らしました。

まず、自分の化粧品から見直す

まっさきに減らしたモノは〝自分の〟化粧品です。洗面所のようにみんなが使うスペースでは、家族それぞれのモノが入り乱れますが、自分のモノ以外は「減らして」「片付けて」と言ってもうるさがられるだけで逆効果です。

開封したけれどしばらく使ってない化粧品、機能が重なっているヘアケア用品、そもそも洗面所に置いておく必要のないモノ……そんな目で見直すと、結構、処分できるモノが出てきます。それがなくなるだけでも、かなり使いやすくなりますよ。

毎日使うモノを鏡裏の収納に入れる

一番、洗面台の前ですることが多いのは、洗面、歯みがき、メイクですよね。そのための道具類は、すぐに手が届くように鏡の裏に入れておくのがベストです。

でも、化粧品類やヘアブラシ、ヘアスプレー、歯ブラシのストックなど、縦長のモノが多いのです。縦にして並べると倒れやすく、しかも小さかったり、転がりやすかったりするモノもたくさんあって、鏡裏の収納はすぐごちゃごちゃしちゃいます。

そこで、複数の整理用ボックスを設置しました。これでずいぶんとスッキリしました。

吊るして水滴を残さない

なるべく吊るして接地面をなくすと、使いやすいしお掃除もラクになります。なぜなら洗面台の掃除は、水アカが発生しやすい水滴が一番の敵だからです。

歯ブラシと歯みがき粉のチューブは、多くのご家庭では、洗面台のまわりにスタンドを置いていると思います。でも、そうしておくと、スタンド自体に水アカが発生しやすく、

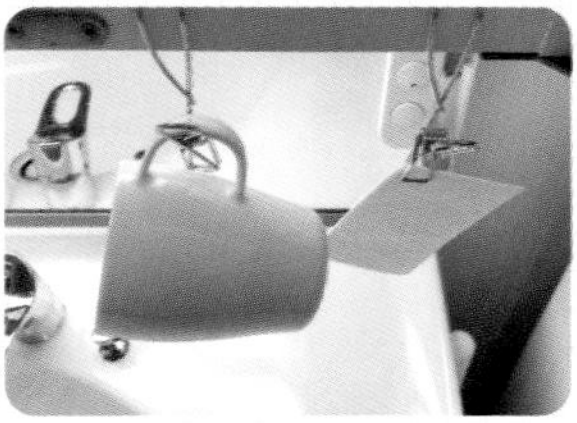

鏡裏の収納スペース、有効的に使いましょう。
吊るせるモノは吊るす！で、水滴を撃退。
いつの間にか増えている化粧品は、いま使っている「現在進行形」だけになるよう見直すと、量が驚くほど減るはずです。

スタンドの下も汚れやすいので、掃除の手間が増えるんです。

私は水気がしっかり切れるよう、吊るせるホルダーを使っています。しかも、ホルダーは鏡裏収納の扉の裏に付けているので、表からは見えません。おかげで、洗面台の見た目もスッキリしました。

✕ 正論 歯ブラシスタンドで整列させる

◎ ズボラ 吊るせるホルダーでヌメヌメ解消

口をゆすぐカップも吊るしておけば乾燥しやすく、水アカやヌメリが防げます。

ちなみに、ドライヤーは洗濯機と壁の隙間の棚の上に置くだけにしています。引き出しにしまうと、出したり戻したりするのを夫が面倒くさがるので、ここを定位置にしました。

以上の方法で、洗面台まわりからモノが姿を消し、今はかなりスッキリしています。

本当はちょくちょくきれいにしたい洗面台まわり。でも、面倒くさい

一日に家族が何度も向かう洗面台。すぐにビショビショにしたり、蛇口が曇ったり、サッパリしないけど、掃除も億劫で……。

夫と子どもたちが洗面台を使ったあとは、洗面ボウルのまわりや蛇口は水滴だらけ、ついでに鏡にまで飛んでいます。でも、洗面台のまわりのモノを極力減らしたら、お掃除がとってもしやすくなりました。サッと拭ける状態になっているので、やる気が起きます。

そのときに使っているのがウルトラマイクロファイバー製、洗剤いらずのMQ・

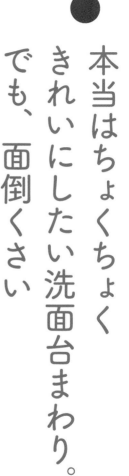

Duotex。洗面台の鏡やステンレス部分などは、このクロスに少し水をつけ、黒いニット部分で拭き掃除して、白いテックス部分で仕上げます。簡単な汚れならすぐにピカピカになります。

　毎日これで拭くだけだから、とっても手軽です。

面倒くささをなくす！ 掃除道具の置き場にもひと工夫

　あと2つ、お手入れがぐーんとラクになったアイテムがあります。

　ひとつは、ガラス面に貼り付けて浮かせておけるスポンジホルダーとスポンジ。気がついたときにさっと

最先端クロスは洗剤いらずでピカピカにしてくれて、大助かり！
掃除に使うものは手を伸ばせば届く位置に。面倒くさいを解消します。

掃除できるし、吸盤も取れてイラッとすることはありません。
もうひとつは、ビニールの手袋。お風呂場のドアに引っかけてセットしたので、いちいち取りに行って……つい面倒で後回しに……なんてことがなくなりました。「今やっちゃおう」と思ったときにさっと取れて、さっと掃除ができるので、掃除のハードルが下がりました！

✕ 正論 **掃除道具をそのつど取りに行く**

◯ ズボラ **ビニール手袋を引っかけておく**

どんどん増えるタオル、収納からはみ出しそう

1枚取り出そうと思ったら、ほかのタオルまでが一緒に引っ張られ、全部飛び出して床に落ちてしまった！　しかも床が濡れていた……。

タオルって、くたびれていても使えなくはないので、捨てる時期が分かりません。そして、プレゼントでいただくことも多かったりするので、どんどん増えてしまいます。しかも、バスタオルともなれば、かさばって収納しにくいばかりです。

どのくらい枚数があればいい？

私はタオルの上限枚数を決めるようにしました。

うちは4人家族なので、バスタオルの場合、一日にひとり1枚使うので4枚必要で

す。洗い替えを考えて2セット用意すると、合計8枚。これ以上は増やさないようにしました。

プレゼントでいただくタオルは、色や柄が好みでなければ、そのままリサイクルに出すこともあります。または、新品でも小さく切ってウエスなどに利用することもあります。

タオルを快適に収納するには？

頻繁に使うバスタオルは引き出しなどに入れず、アクション数ゼロで取りたい。お風呂上がりにサッと取れるように、お風呂に一番近い棚に置いています。

そうなると、常に目に入る位置にあるので、好みの色・ブランドに揃えていきます。畳み方も揃え（8分の1になるように）、なるべくきれいに並べるとさらにスッキリ見えます。

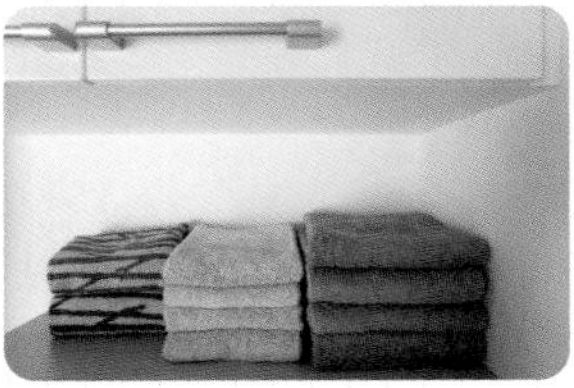

最低限の枚数で、色を揃えてスッキリ！
日々使うものは、ホコリの心配もないので、サッと取り出せるのが一番。わざわざしまいこむより使い勝手重視です。

以前は見た目のためにタオルの畳み方に凝り、端をすべて折り込む「ホテル風」の畳み方にしたこともありますが、やはり手順が多くなるので、今はほどほどにきれいに早く畳める方法に戻しました。これで、折る回数が5回から3回になることで大幅に時短になります。

✕ 正論 端を折り込んできれいに見せる

○ ズボラ **色を揃えればきれいに見える**

それでもきれいに見えるので、畳み方より「揃っていること」が大事なんだな、と気がつきました。

タオルの種類

そもそも、洗濯機の中でも、干すときも、収納するときも、スペースを大きく取るバスタオルはやめて、ヒオリエのビッグフェイスタオルで代用しています。かさばらないのに大人でも十分、体中を拭くことができます。

✕ 正論 お風呂ではバスタオルを使う

◯ ズボラ 大きめのフェイスタオルで全身拭く

色はグレー系で揃えています。

もうひとつ、スコープのバスマットもお気に入りです。肌あたりがいい感じで、柄も気に入っています。お気に入りの感触のタオルに揃えておくと、使うだけで幸せな気持ちになれるのがうれしいです。

取り替え時期

毎年、新年がやってくるタイミングで、へたり具合をチェックして新しいタオルに替えています。せっかく同じ色、ブランドのタオルにしても、使い古してくたびれたタオルと新しくてふんわりしているタオルが入りまじっていると見た目が揃わず、意外と気に障ります。だから一気に交換するようにしています。

使い古しは小さく切ってウエスとして利用。拭き掃除にどんどん利用して、そのまま捨ててしまいます。

お風呂のカビ取り、水アカ取り、なぜこんなに時間がかかるの？

いつの間にか広がった、お風呂場のカビと水アカ。これを見るとため息しか出ません。きれいにするのに時間がかかるので、見て見ぬふりして、また今度にしよう、と思ったら、カビも水アカも広がっている気がする……。

水まわりの掃除の中でも一番の強敵はお風呂のカビと水アカ。専用の洗剤が必要ですし、きれいに落ちません。とにかく時間のかかるお風呂の掃除が私は特に嫌いです。この掃除をしないで済む方法はないか↓カビや水アカの原因となる水分を残さなければいいんじゃないか、という発想で、毎日のお風呂の最後に、水滴を極力取っておくことにしました。

まず、スクイジーでさっと水滴を落としておき、次に水分をたくさん吸収してくれるタオルで浴槽、鏡、壁、蛇口、ドアなどを拭き上げます。

✕ 正論　お風呂のカビは出来たら取る

◎ ズボラ　お風呂上がりにさっと拭く

一見面倒に感じるかもしれませんが、カビなどが発生したあとの重労働より、私はこのほうがラクに感じています。実は、水滴がついた鏡を放置していたせいで、どうにも曇りが取れなくなって鏡を交換したという苦い経験もあり……。

習慣にしてしまえば、この水分を拭く作業はやっても5分。あとの重労働が5分で解消されるなら、と、私は予防を優先しています。

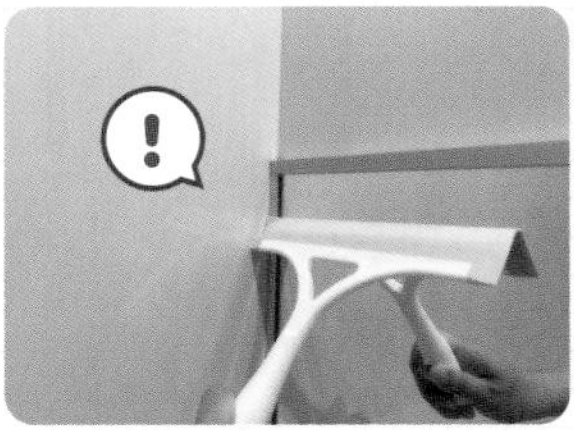

スクイジーと吸収力が超高いタオルでササッと水滴を拭いておくだけであとあとの重労働から解放されます。このひと手間が、効果大！

バス用品を吊るしたいのに、うまく引っかからない！

洗面器にお掃除グッズ、いろいろな道具が必要なお風呂場。使ったら元の場所に吊るして戻したいのに、フックにかける穴って、なんで小さいの？　うまく引っかからない……。

毎日のお風呂場の拭き上げが苦にならない理由は、そのための道具もお風呂場に置いてあるからです。洗面器や体を洗うためのスポンジと一緒に、掃除道具も常に準備ができています。

ただ、お風呂道具も、掃除道具も、床や棚に直置きすると、これまたカビや水アカの原因になります。それを徹底的に防ぐため、少しでも通気性がよくなるようにと、すべてフックにかけるようにしました。だけど、ここでまたプチストレスが！　フックにかけたり取ったりがスムーズにいかない。穴が小さかったり、取るときにフックが一緒に外れたり。いい方法はないの？　と考えていたら、全然違う発想で解消できました。

マグネットで壁につけてしまうアイテムです。これでサッと取って、サッと戻すことが可能になりました！

✕正論　フックに吊るす

◯ズボラ　マグネットで装着

洗面器から水切りワイパーまで、壁に装着しておけば、水気をしっかり切ることができるし、穴の大きさが……なんていうプチストレスまでスッキリ解決しました。こんなお助けグッズを発見したときのプチハッピーも、ささやかな暮らしの楽しみにつながっています。

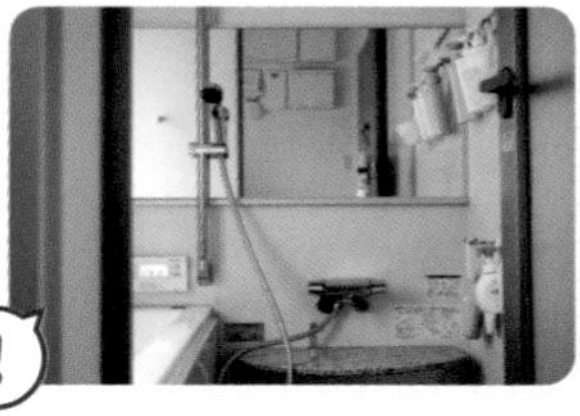

お風呂場グッズは通気性をよくするのが大事。強敵のカビや水アカを極力寄せつけないためです。
マグネットは、使ったら戻すを簡単にしてくれます。

トイレって狭いのに、掃除となるといろいろやることが尽きない

トイレの中のフチ裏が大変なことに！　トイレットペーパーがもうなくなった！　やることが多すぎる……。

私は拭き掃除は毎日頑張ってやっています。

トイレの中のフチ裏は、使い捨てで流せるタイプのお掃除道具でゴシゴシこすっていました。でも毎日使うにはお値段が張るので敬遠し、ちょっとだけ放置してしまったらガンコな汚れになっていました。そこでブラシを使って掃除したけれど、なかなか取れない。やっぱり日頃からブラシ掃除を怠ってはダメですね。

今はトイレクイックルでトイレの中のフチ裏までついでに拭くようにしています。

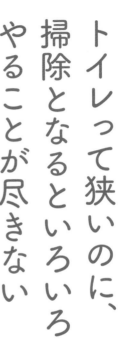

トイレットペーパーは家族4人もいると、かなりの回数で交換しなければなりません。そこで私がいつも使っているのは「3倍長持ちのトイレットペーパー」。これは一般的なロールに比べ、圧倒的に交換の頻度が少ない！ 買い置きしても、収納スペースが少なくて済みます。とってもありがたい存在です。

✕ 正論 トイレットペーパーは常にストック

◯ ズボラ 3倍長持ちなら交換も収納も3分の1

おすすめの3倍長持ちトイレットペーパー。
「ロール交換の頻度が少ない」＝「収納スペースが少なくて済む」＝「うれしい」と、3倍のメリットが！

トイレの換気扇も放っておいたために、あとの掃除が大変なことになってしまった、という痛い経験から、いまはフィルターでガードしています。フィルターさえつけておけば、お掃除といってもフィルターを取り替える程度でOK。

こうして便利なモノをどんどん利用していけば、トイレの家事もかなり時短できるようになります。

「気持ちいい」のループを

まず小さな場所、一カ所でも整理収納。
自分の化粧品。
毎日手にするバスタオル。
片付けてみると、「気持ちいい」と感じます。

スッキリきれいになったこと、使いやすくなったことを、
しっかり感じてください。
そして、次の場所、また次の場所へと、
「気持ちいい」をつなげていけば、
いつの間にか自然に家中がスッキリ気持ちのいい空間に
変わっていくでしょう。

Column

気持ちよさは、家事がラクになること。
きっと、あなたの心の中もラクになり、
毎日の家事が楽しくなっていくと思います。

Chapter 3

洗濯物・衣類管理

洗濯物が乾いたら、ハンガーから外す手間が無駄に思える

洗濯機は自動でも、そのあとにハンガー干しして、取り込んで、畳む。これが面倒！　洗濯物をハンガーから外して、畳んでしまってくれるロボットが普及しないかしら……。

家族4人いたら、洗濯機を回さないなんて日はありませんよね。次から次に、干しては畳み、干しては畳み……。

毎日、清潔で気持ちいい状態でいたいけれど、ハンガーで干した服を、ハンガーから外して、畳んでタンスに戻す。この工程の多さに、以前の私はうんざりしていました。面倒なので、リビングにハンガーに干した状態でついつい放置したままになることも。

そこで、干したハンガーのまま、クローゼットに入れてしまうことに決めました。

つまり、クローゼットの中を基本的に「吊るす」収納にするのです。Tシャツだって、タンクトップだって、ニットだって、ルームウェアだって、ボトムスもなんでもかんでも、とにかく頻繁に着るものは吊るしておく。

こうすると、干したあとに、ハンガーから外す↓畳む↓しまう、の手間がなくなって、ただ移動するだけなので効率的！

しかも、畳むとどうしてもシワがついてしまいますが、ハンガーのまま吊るしておけば、それもなくなります。

✕ 正論 洗濯物は畳んで戻す

〇 ズボラ **干したハンガーのまま入れる**

子どもの服も、子どもが手の届く高さに突っ張り棒を設置して、ハンガー移動で済むように変えました。

おかげで、子どももお手伝いしたくなるみたいで、自分の服は自分の場所にしまってくれます。着るときも、自分の服をちゃんと準備できるようになりました。

おすすめハンガー

ハンガー干しをラクにするのが、ハンガーの種類。クリーニング店で無料で付いてくるハンガーは、干すときに服がハンガーの型にうまくおさまらず、ハンガーの跡もくっきりつくし、干しにくいと感じていました。そこでマワハンガーに統一！

ハンガーの種類ひとつでこんなにも干すのが苦痛じゃなくなるとは思いませんでした。乾いたあとの服もズレにくく、落ちることもないので、もう手放せません。洗濯ばさみを使わなくなりました。

✕ 正論 ハンガーにかけるとズレる、落ちる

◎ ズボラ **ハンガーを変えればズレない、落ちない**

しかも見た目もシンプル。

すべてのハンガーを同じメーカーの形と色に揃えておくと、クローゼットの中がス

ツキリときれいに見えるのもうれしいです。

乾いたらハンガーのままクローゼットにしまうだけ。「畳んでしまう」という常識を変えてみませんか？
ハンガーを揃えると、スッキリ見えます！

洗濯物を畳んで、収納場所に移動しようと思ったら崩れ落ちた

ようやく畳んだ洗濯物。何度も1階と2階を行き来するのは面倒だから、まとめて持ったら、崩れてしまって、また畳み直し……。

ハンガーで干したものは、そのハンガーのままクローゼットに移動するだけにした我が家ですが、下着類などもあるし100％ハンガー移動というわけにもいきません。そういう洗濯物は畳んだあと、1階と2階を行き来しながらクローゼットに入れるのはホント疲れます。

そこで1階にしまうものは1階に、2階にしまうものは2階に干すようにしました。

郵便はがき

切手を
お貼りください

105-0003

（受取人）
東京都港区西新橋2-23-1
3東洋海事ビル
（株）アスコム

暮らしが整う
「片付けない」片付け

読者　係

本書をお買いあげ頂き、誠にありがとうございました。お手数ですが、今後の出版の参考のため各項目にご記入のうえ、弊社までご返送ください。

お名前	男・女	才
ご住所　〒		
Tel	E-mail	
この本の満足度は何％ですか？		％

今後、著者や新刊に関する情報、新企画へのアンケート、セミナーのご案内などを郵送またはeメールにて送付させていただいてもよろしいでしょうか？
□はい　□いいえ

返送いただいた方の中から**抽選で5名**の方に
図書カード5000円分をプレゼントさせていただきます

当選の発表はプレゼント商品の発送をもって代えさせていただきます。
※ご記入いただいた個人情報はプレゼントの発送以外に利用することはありません。
※本書へのご意見・ご感想およびその要旨に関しては、本書の広告などに文面を掲載させていただく場合がございます。

●本書へのご意見・ご感想をお聞かせください。

ご協力ありがとうございました。

それも、なるべくしまう場所の近くに干す。毎日のことですから、「干す→しまう」の場所への動線が短いだけで大きな違いです。それに収納の近くで畳めば、運んでいる間に洗濯物が崩れるイライラもなくなります。

✕ 正論 室内干しはどこか1カ所

◯ ズボラ 近くに干して近くに収納

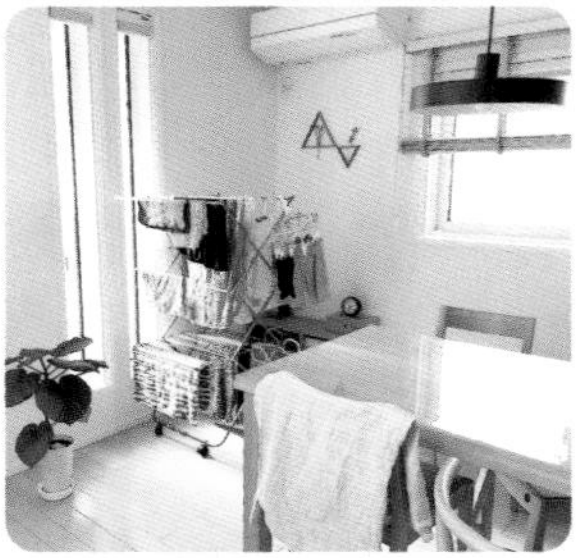

干す→しまうの移動距離が短くなるだけで、「なんてラクなんだろう」と驚くはずです。干す場所が2カ所になれば、しまう作業が2倍ラクになります。

私の場合は、1階に干すものはタオル類など。

2階に干すものは、服など。2階のクローゼットに入れるものです。

と書きながら、バタバタしている日は乾いたら畳まずに、洗濯物干しからそのまま着ることもあります。畳む手間と収納する手間が省けてラクです（笑）。大雑把すぎるかもしれませんが、かなりの時短効果！　こんな日があってもいいんじゃないかな、と思っています。

畳んだ衣類を収納に戻しにくい

せっかくきれいに衣類を畳んだのに、収納がギュウギュウで入れにくい。入れると余計なシワがついちゃうし、困ったなぁ……。

畳むのが嫌い、嫌いと思っていましたが、ある日、ふと気がつきました。嫌いなのは、畳むことより、収納に衣類を入れにくい不便さだと。

最近の衣類は安価で可愛いものが多く、特に子どもの衣類はつい買い過ぎてしまいます。ちょっと忙しくて整理を怠ると、いつの間にか収納スペースがいっぱい！ギュウギュウの引き出しに服を戻す。この労力こそ、本来はしなくてもいい余計な手間ですよね。

衣類を整理してみると、子ども服など、もう着られないサイズのモノが引き出しに

ギュウギュウは「多すぎ」のサインです。適正量は今の収納スペースで十分なはず。しまいにくいと感じたら、処分しましょう。何年も着ていない服、入れっぱなしではありませんか？

入ったままだったりします。大人の服も気がつけば数年着てないというものも結構多いものです。

そういう服を処分してみると、引き出しのスペースに余裕ができて、さっさとしまえるようになります。そうなると、畳むこと自体はそれほど苦痛じゃなかったと気づいたわけです。

✕ 正論 ギュウギュウに入れて省スペース

◎ ズボラ ゆとりを持った収納で省エネ

嫌い！　苦手！　と思っている家事も、本当の原因は別のところにあるかもしれません。

ちなみに、引き出し収納の場合は、奥側からしまいます。急いでいるときは、だいたい手前の衣類を取るので、こうすると全部の衣類を均等に着ることができます。

洗濯くらい、家族に少しでも手伝って欲しい

帰宅時間が毎日ハッキリしない夫。料理や子どものことの手伝いはなかなかできないとしても、時間がかかる洗濯物くらい、ちょっとは手伝ってくれたらいいのに……。


洗濯は一番長い時間を使う家事だと思います。なかなか完結しないですよね。「洗濯する」→「干す」→「乾いたら畳む、しまう」これだけで軽く半日、天気が悪ければもっと時間がかかります（我が家は乾燥機がありません）。

時間がかかる家事だからこそ、簡単にできる仕組みを作りたい。そして、夫にはどんどん手伝ってもらいたいと思っています。

我が家は洗濯を夜に干して（冬の部屋の乾燥を防ぐ役割もあります）、次の日乾いたら

夜に畳みます。

夫は洗濯物を畳んでくれることが多いのですが、そのあとに私がそれぞれの場所にしまうので、また仕分けする手間がかかってしまいます。

そこで、家族の名前を付けた仕分けボックスを用意し、夫に畳みながら仕分けをしてもらうようにました。これだけで、そのあとの私のやることが大幅に少なくなる！

✕ 正論 畳んで、仕分けして、収納する

◯ ズボラ **畳みながら、ボックスに仕分けする**

毎日毎日のことですから、ちょっとずつラクを積み重ねていきたいな、と思っています。

家族それぞれの専用ボックスがあれば、誰が仕分けしてもごっちゃになりません。もちろん、その後、引き出しに片付けるのも簡単になります。

ピンチハンガーから、いちいち洗濯物を外すのが面倒

こまごました衣類を干すピンチハンガー。プチプチ、プチプチ、一つひとつ外して取り込むと思うとやりたくない……。

外に干した洗濯物は夕方に取り込むパターンが多いと思います。この時間帯は、次から次に家事が生まれるので、ピンチハンガーを見るだけで目をそらしたくなりますよね。

正直、半信半疑で買った「引っ張ったらすぐに外れるピンチハンガー」が、いい意味で予想を裏切り、心を軽やかにしてくれました！「引っ張って取っていい！」こ

んなちょっとしたことが、これほどラクに感じるなんて想像以上でした。

✕ 正論 引っ張って取ると服が傷む

○ ズボラ **思う存分、引っ張って取る**

さらに、あとがラクになるよう、干し方をちょっと工夫しています。それは、靴下

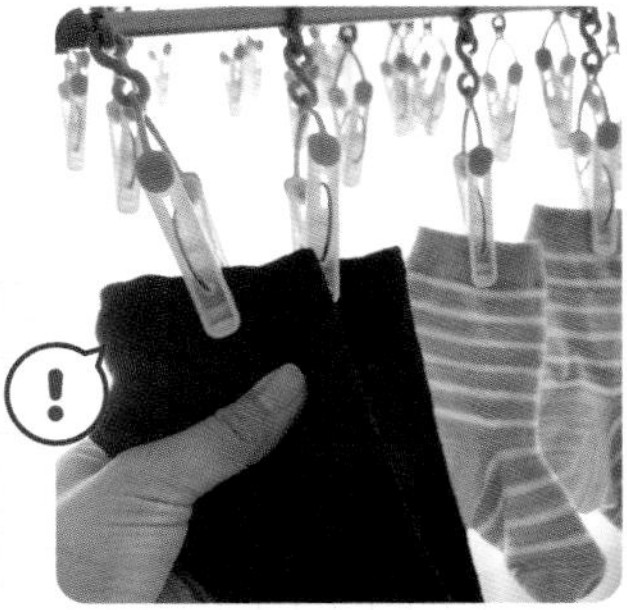

靴下はペアで干せば、迷子がなくなります。
すぐに使うことがハッキリ分かっているものは、取り込んだら、それを入れる袋などに直行させます。あらためて用意する手間が省けて便利。

のペアを隣同士にして迷子を防止する、って、これだけのことですが。
「靴下あるある」の、片方どこ行った〜？　とならないためには干すときが肝心。これで「靴下神経衰弱」をしなくて済みます。

また、洗濯物を畳んだあとも工夫しています。
・幼稚園で必要なモノ＝そのままキンダーバッグにひとまとめに入れておく。
・給食グッズのエプロンなど＝持って行く給食用の袋に入れてしまう。
その先に続く行動を考えてちょっとだけプラスでやっておくと、全体的な負担が軽くなります。

とにかくアイロンがけが面倒で面倒で

気に入って買ったコットンのブラウス。一度洗ったらアイロンがけが面倒で、そのまま放置。ほとんど着ていない……。もったいない……。

ピシッとシワを伸ばすクリーニング屋さんの技術はプロフェッショナル。それと同じようにアイロンをかけるなんて、とってもハードルが高いし、時間がかかってしまいます。しかも夏は暑いし、やる気が起きない……。なので、私は基本的にアイロンをかけません！

そのために、なるべくアイロン不要の服を選びます。主人が仕事で着るワイシャツは全部ノーアイロンのものを買っています。

私のワンピースも、干すときにパンパン！　とシワを伸ばしておけばＯＫ。生活に支障はありません。アイロンを嫌々かけてストレスをためるより、かけなくていいと思って笑顔でいるほうがきれいに見えるんじゃないかな、と自分で勝手に思っています（笑）。

✕ 正論 アイロンをかけてピシッと着る

◎ ズボラ 干すときにシワを伸ばせば支障なし

子どもたちが幼稚園に持っていくようなエプロンやナフキン類もアイロンをかけません。はじめは、さすがに子どもに申し訳ないかなーと思いましたが、干すときと畳むときにシワを伸ば

どうしてもアイロンがけをしなければならないものもあります。そんなときは面倒な気持ちを軽くすることが大切。
なるべく軽くて扱いやすいアイロン台や、お気に入りの柄を選んでテンションを上げましょう。

せば、なんとなくシャキッとした感じになります。

それでも、冠婚葬祭のシャツなど、まったくアイロンに触らないわけにもいきません。そういったモノは極力アイロンをかける時間が短く済むように、まとめてやっています。

そのとき、アイロン台の出し入れが面倒にならないよう、持ち運びしやすい軽いボードを使っています。しかも裏面の柄が可愛いＦｒｅｄｄｙ Ｌｅｃｋ製を使って、少しだけでもテンションをあげています。

季節が変わったのに、衣替えしてないから着るモノがない！

春になったと思ったら一気に気温が上がって、薄手の服を着たいけど、衣替えが間に合わなくて、着るものがない……。

以前の私は洋服が大好きで、ちょっと高くても、流行のものなどたくさん買っていたので、衣替えはひと仕事でした。季節の変わり目になると、やらなきゃ、やらなきゃと常にせかされている気分でした。

でも、整理収納を知って、モノを取捨選択していったら、自分の本当の好みが分かるようになりました。おかげで今は、シンプルで着心地がいい服が数点あれば十分、という価値観に変わりました。だから、クローゼットの中もスッキリしていて、「本当に着る服」だけになっています。

そうすると何がいいかって、衣替えが不要になったこと！

我が家のクローゼットは、夫と私で一つずつ。私のクローゼットの中は、冬服、夏服、フォーマル、下着、靴下類、ルームウェアに分けています。

衣替えは、クローゼットの手に取りやすい位置に季節の服を入れ、季節が変わったら移動させるだけ。「オールシーズンクローゼットの中だけで完結できる量」を目安にすれば、ずっと着ていない服は処分しようという気になります。

クローゼットのゴールデンゾーンである、一番手の届きやすいところに、夏は夏服を、冬は冬服を、と掛け直すだけ。いわゆる〝衣替え〟は、これで完了です。

✕ 正論 季節の変わり目に衣替えをする

◎ ズボラ クローゼットの中で移動する

ちなみに、基本は薄い色→濃い色の順にグラデーションになるようにハンガーにかけておくと、どんな服があるのかが分かりやすく、着るときに選びやすくなります。見た目も整います。

よく着る服と着ない服が分からない場合は、着た服を右からかけていく習慣にすると、あまり着ない服が左側に固まります。新しい服を買って、クローゼットのスペースに余裕がなくなってきたなと思ったら、左側の服の処分を検討するようにしてもいいですね。

洋服を減らしたいけど、手放せない。だって、まだ着られるから

引き出しやクローゼットに余裕を持たせたい。着ていない衣類も多いから、手放せばいいことは分かっている。でも、まだまだ着られそうな服が多くて迷う……、減らない……。


衣類の整理って、心の戦いですよね。

せっかく買ったのに……、高かったのに……、また着るかも……。いろんな気持ちが渦巻いて、なかなか進まない気持ち、よく分かります。私も以前はかなりの量の洋服を持っていたので、クローゼットはごちゃごちゃでした。

でも、収納に余裕があればどんなに使いやすくなることかと身にしみたので、今は

こんな基準で定期的に見直しています。

もらったけれど着なかった

「フォーマルに使えるよ」と言われて母のお下がりをもらった。「サイズが合わないから」と友人が譲ってくれた。それで結局着なかった服は、申し訳ないけれど最初に手放す候補です。

たくさん着た

お気に入りで、たくさん着てヨレヨレになったモノ。「これを着て子どものお迎えに行くのはちょっと恥ずかしいかな〜」と感じたら手放します。

着心地がよくなかった

着るとチクチクするとか、着丈が短くて心地悪いとか、紐を結ばないと落ちてくるような、着るたびにプチストレスを感じる服は手放します。

1回も着てない

季節外に安く買ってクローゼットに入れておいた、買ったことを忘れていたモノ。そういう服は、まず目に付きやすい場所に移動します。アウターなどは玄関横のアウター収納へ。

それでも、結局着なかったら、実は好みじゃない、合わせにくい、など、何かしら理由があるのでしょう。私の場合、「プチプラで、しかも値下げ品と気づかれたら嫌だ」という理由で着なかった……誰も気づかないし、だったら買うなよ、という話ですよね（笑）。

もったいないですが、大きな反省とともに、それ以外の気に入ったアイテムで心地よく暮らすためには手放します。

✕ 正論 まだ着られる服はとっておく

◯ ズボラ 少数精鋭のお気に入りで心地よさを優先

増えがちな子ども服。成長期は定期的に見直しをして、収納の使いやすさをキープしましょう。
コツは減らすという感覚より、選抜する気持ちで整えていくこと。お気に入りの服だけを着れば、心地いい毎日になります。

こんなふうに何で着なかったのかを振り返ると自分の基準が分かってきます。手放すときも、買うときも決めやすくなるかな、と思います。

子どもの服はどうしてる？

成長期はすぐに服のサイズが小さくなるので、子ども服は買う頻度がかなり高めです。だからどんどん増えていきます。数カ月も経つと、収納の中がギュウギュウになってしまいます。

子どもの衣類の適正量がどのくらいかは、生活スタイルでかなり違ってくると思いますが、次のように考えてみて、ご家族に合う量を見つけてください。

・制服はある？　ない？
・1日に着替える回数は？
・幼稚園に持っていく服は何着必要？
・1週間に何着あれば足りる？
・収納のスペースはどのくらい？

家事をラクすること

「ラクする」って言葉、
なんとなく後ろめたく感じていませんか？

ひと昔前の「良妻賢母」時代の価値観は
ラクするとは「手抜き」のイメージだったかもしれません。

ラクとは「楽」という漢字を使います。
楽しい！　というポジティブな意味なんですよね。

家事をする人が大変で、ツライばかりでは、
だんだんと暮らしがギスギスしてしまいます。

Column

家事を効率化して、時短して、家族みんなが楽しく暮らせるようになる!
それが「ラクする」ことの目的で
本当の意味だと思っています。

Chapter 4

玄関・
階段下etc.

帰宅してドアを開けたら、玄関が散らかっていて、テンション下がる

玄関は家の顔。きれいにしたほうがいいと分かっているけど、出がけは時間がなく……。帰ってくると靴やモノが散乱していて、帰るなり家事をやれ！　と言われているみたい。

出がけは、バタバタでモノを出したまま。帰ってくると、疲れて「やれやれ」とモノを置いてしまう。玄関って、つい乱雑になりやすいゾーンですよね。でも本当は、きれいな玄関が、おかえりなさい！　と迎えてくれたら、外でちょっと嫌なことがあっても、気持ちをリセットできる大切な場所なんですよね。

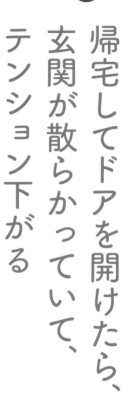

靴は何足出しておく？

玄関の印象はスッキリしているに限ります。では、すべての靴をシューズボックスにしまえばいい？　いいえ、靴が少なすぎても不便です。毎日のことですから、意外とストレスになります。

私は以前、「一人1足だけ出しておく」というルールを作りましたが、私自身が挫折しました。外出用の靴を置いておくべきか、ちょっと外に出るときや玄関まわりを掃除するとき用のサンダルを置いておくべきか……。どちらにしても、いちいちシューズボックスを開けて取り出すのは面倒です。

そこで、ちょっと履きのサンダル1足と外出用の靴1足をデフォルトに。「一人2足は出していい」として、4人家族で計8足は出ています。

✕ 正論　靴はシューズボックスにしまう

〇 ズボラ　一人2足は出しっぱなしでいい

玄関に置いておくと便利なモノは？

家の新築の際、シューズボックスのほかに、大きな玄関収納も付けてもらいました。絶対に便利そうと思ったのですが、1畳ぶんもスペースがあると、意外に使いにくい……。

スペースだけ広くても、端っこに置いたモノは取りにくい。可動棚も付ければよかったと後悔しています。今現在は、小さなラックを置いて、整理用ボックスを組み合わせて、モノを収めています。

まず、整理用ボックスに帽子類や外で遊ぶボール、縄跳び、子どもが外で遊ぶ道具を分けて入れています。何を置いたか忘れてしまいがちなので、しっかりとラベルを貼っています。

そして、ラックの上は私の外出用バッグと買い物かごの置き場所にしました。バッグは玄関に放置したままになりやすかったのですが、これでスッキリしました。

ちなみに、掃除道具は基本的に階段下収納に入れているのですが、玄関をちょっとはくのに取りに行くのは面倒なので、ほうきを玄関にかけています。インテリアにも合うものを選んだので、出しっぱなしという印象もありません。

傘はどうする？

広い玄関なら、傘立てに何本も傘を差したままでもさほど気にならないかもしれません。でも、うちの玄関スペースでは、傘立てを置いて、さらに傘が何本も差さっていると、どうも玄関全体がごちゃごちゃした印象になってしまいます。

そこで、シューズボックスの棚に突っ張り棒を設置して、傘はそこにかけるようにしています。傘立てを買わなくていいし、突っ張り棒ならほかの用途にも使えるし、一石二鳥です。

✕ 正論 傘は傘立てに入れる

◎ ズボラ 傘は突っ張り棒にかける

マスクを忘れないようにするには？

新型コロナの流行で、「外出＝必ずマスク」が常識になりましたよね。私はしょっちゅう、玄関まできて「あー、マスク忘れたー！」と、戻ることがしばしばでした。

マスクは玄関に置きたいなーと思いつつ、なかなかぴったりの置き場所やほどよいサイズの容器がなかったのですが、ダイニングで使っていた無印良品の引き出しをマスク用にしてみました。

これをシューズボックスの上に設置したら、ようやく玄関にマスクを置いても不自然ではなくなりました。

靴は少しは出しっぱなしでOK！ちゃんと揃えるだけでスッキリした感じになります。
外出に必須のマスクなどの小物は玄関に設置。家具の色調に合わせた収納に入れれば、ゴチャついて見えません。

道具を出して、また戻して、と考えるだけで掃除したくなくなる

部屋を見渡せば、ホコリも目につくし、床にお菓子のカスがこぼれたまま。掃除しなくちゃならないのは分かっているけど、疲れてるし、やりたくないなあ……。

掃除機をかけたり、ワイパーをかけたり、それ自体はそれほど大変じゃない気がします。目の前に道具さえあれば、そんなに苦ではないのですが、道具をわざわざ持ってきて、それをまた片付けて、という一連の動作が面倒なんじゃないかな、と思うんです。

うちは2階建てなので、掃除道具を1階用と2階用、別々に用意することにしまし

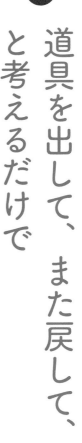

た。これで掃除のハードルが劇的に下がりました！

1階から2階に掃除機を運ばなければならないと思うだけでどんよりしていましたが、それぞれの階に置くだけでこんなにも掃除をする気になれるんだ、と自分でも驚きました。

✕ 正論 掃除機は一家に1台

◯ ズボラ 1階と2階にそれぞれ1台

1階の掃除道具

ダイソンの掃除機を階段下収納に置いています。ほかの掃除道具も階段下の収納スペースに入れています。モップ類は普通に置くと倒れたりして扱いにくいので、突っ張り棒を渡して、そこに吊るして収納しています。扉を開けたときに何がどこにあるかすぐ分かるので、パッと掃除にかかれます。ほかにコロコロやクイックルハンディなど、よく使うものはリビングに吊るして収納。出しっぱなしです。

2階の掃除道具

2階用の掃除機としてマキタの製品を買いました。軽くて使い勝手がよく気に入っています。

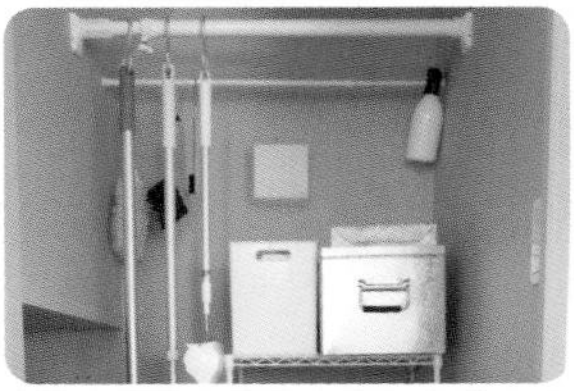

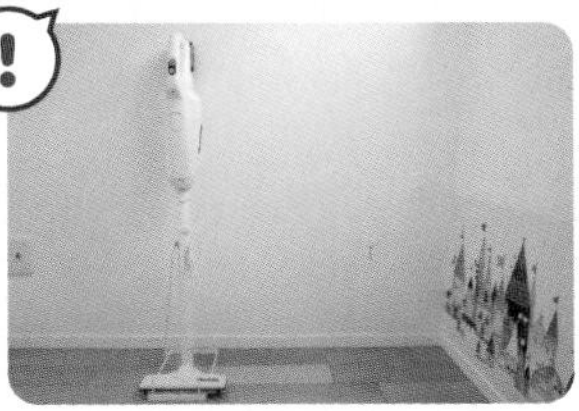

モップ類は立てかけておくと倒れて扱いにくく、その部分の床の掃除も面倒です。できるだけ吊るしておくと便利です。
掃除機は1階用、2階用と、2台持ちにして大正解！　出費はあっても長く使えるモノは暮らしが格段にラクになるので、賢いお金の使い方ではないでしょうか。

最新お掃除家電を使っているのにラクにならない

部屋をきれいにしたいし、掃除がラクになればいいな、と奮発して買ったお掃除家電。でも、なんだかラクになった気がしない……。

買ったときは、とってもうれしかった人気の自動床拭き機。でも、気がついたら使わなくなっていました。

拭き加減もよかったし、とても賢いお掃除家電だったのですが面倒くさがりの私とは相性がよくなかったみたいです。

充電したり、雑巾を洗ったり、どうもしっくりきませんでした。

手で拭いたほうが早いし、手で拭くのが面倒なときはクイックルワイパーが便利です。というわけで、自動床拭き機の出番がない！

「今までありがとう」と、手放してしまいました。

❌ 正論 最先端の家事ロボットで時短

⭕ ズボラ 手で拭くほうが、かえって時短

便利！ 助かる！ という感覚は人ぞれぞれです。最先端で便利そうな家電やグッズがどんどん売り出されますが、自分の手でやるのとどちらが便利なのか、自分の性格と合うのかどうか、これからはよーく見極めてから購入しようと思います。

便利そうな新しい家電。大人気と聞いても、ライフスタイルや自分の性格とよく照らし合わせてから購入することが大切ですね。

12月になると大掃除のことで憂鬱

クリスマスから年末年始。街中は楽しい雰囲気だけど、大掃除をやらなくてはと思うと、プレッシャーを感じてしまう……。

12月はクリスマスやお正月の準備があるうえに、うちのように子どもがいる家庭では冬休みに突入し、お昼ごはんのことも考えないとなりません。本当にやることが多い月ですよね。

そして年末といえば大掃除です。ニュースでも毎年、大きなお寺が煤払いした、なんて報道されるくらい、国民的行事という感じですが……私は大掃除をしていません！　ただでさえ忙しい12月ですから、これ以上のタスクとプレッシャーが嫌でやめました。

新年を迎えるために、あれもこれもやっておかないと、と無理してやって、年が明けたらぐったり疲れている……。それでは良い新年が迎えられないと思い、12月を特別な月と考えないようにしています。

それもあって、年末に家事をまとめてやらなくて済むように、なるべく普段の家事でラクをしながら、汚れをためないようにしています。

窓は丸めた新聞紙で、ゴシゴシするだけでピカピカに！
サッシはウエットシートで拭くだけ。わざわざ雑巾を用意しなくてもきれいになります。

× 正論 年末になったら大掃除

◎ ズボラ **ためなければ大掃除は不要**

昨年末にやった普段より多い掃除は、窓拭きくらいです。それも、わざわざガラス用クリーナーを買わず、新聞紙でゴシゴシと汚れを取ったあとに、サッシを手口拭き用シートで拭いて終わりにしました。これでも拭き跡が残らず、十分ピカピカになりました。

！

あそこもここもきれいにしたいけど、時間がかかるし、やりたくない

忙しい日が数日続き、ずっと家事をしてなかった……、あそこもここもやらないといけないことは分かっている。それでも掃除や家事をしたくない日もある。

家事っていろいろ時間がかかるものだと私も思っていました。どのくらいでできるのかなあと時間を計ってみたことがあります。日常の簡単な掃除レベルです。トイレ掃除＝2分／洗面台の掃除＝5分／リビングに掃除機をかける＝3分／植物の水やり＝2分……。意外に短時間なんですよね。そう思うとちょっとやる気が起こります。

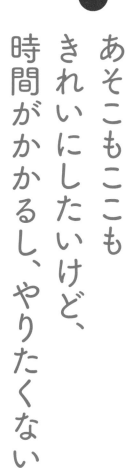

と、書きながら、そんなふうに頭では分かっていても、道具をどんなに揃えても、使いやすく配置しても、人間、何もしたくな〜い！　と思う日もあります。

そんな気持ちになったとき、私は何にもしません。散らかったままです。いつもいつも家がきれいじゃなくてもいいと思っています。

✕ 正論　**毎日掃除をして家中ピカピカ**

◯ ズボラ　**いつもきれいじゃなくていい**

家事は何のためにやるかと言えば、家族が快適に楽しく過ごすのが目的で

毎日、完璧を求めては疲れてしまいます。自分の気持ちを優先して、どうしてもやりたくないときは「そのまんま」でいいのでは？

す。

でも、私自身も家族の一員です。その私がどうしてもやりたくない日に無理をしてやってイライラすると、「家族が快適に楽しく過ごす」の目的が果たせません。だから、「今日はのんびりさせてー！」と、私の正直な気持ちを家族に伝えています。子どもにも、ママはいつでも一定のコンディションではないと知ってもらうことも大切だと思っています。

夫のため、子どものため、と、つい女性は自分を縛りがち。無理して疲れ果ててまで家事を続けるより、自分も含めた家族みんなのハッピーを優先していいんじゃないでしょうか。

日用品のストックがいっぱいで収納スペースに入り切れない〜

スーパーで特売品を見ると、買い物ついでにいろいろ買ってしまうのですが、収納スペースに入り切らず、出しっぱなしになってしまって、散らかった感じになる……。

必要なものを買うためにちょっと立ち寄ったドラッグストアなどで、特売品や便利そうなモノを見ると、ついつい予定外の物を買っていました。思いがけず買い過ぎてしまって、ストック品は増える一方でした。

その「ついつい」を防止するため、日用品は使っているモノ＋ストック1つと決めました。使っているモノが終わってストック分を使い始めたら買い物リストに書いて買います。

使いたいときに「ない！」ということも防げます。

✕ 正論　安いときに買いだめしておく

○ ズボラ　**使っているモノ＋ストック1つ**

そういう食料品や日用品の買い物リスト。以前は紙に書いたりしていたのですが、夫と私が同時に買ってダブったことや、出かけるときにリストを持って行かないで、何を買うのか分からず、結局適当に買うということがよくありました。

しかし、あるモノを使い始めて、今はそんなことは全くなくなりました！

「ファミリーTODO」というスマホアプリです。リアルタイムで家族でTODOリストを共有できるすぐれもの。

カテゴリーを5種まで分けて登録できるので、それぞれ必要なタスクを入力していきます。そして、スーパーなどで買い物して、買ったモノをチェックしていくとタスクが消えます。そうすると同時に家族にも通知がいって、相手のスマホでもタスクが消えるのです。

これでもう同じモノを買ってきてしまうこともなく、買い忘れ、伝え忘れが防げます。

我が家は、日用品リスト／食品リスト／私のこと／夫のこと／私の仕事のことに分けて、管理していますが、シンプルな機能で使いやすいです。

ストック管理だけではなく、夫婦間のコミュニケーションまでアシストしてくれるアプリ、使わない手はありません！

使っていないモノは手放したほうがいいのは分かっているけど……

モノを減らして使いやすくしたいけど、まだ使える……と思うと、処分できず。結局また元の場所に戻してしまい、いつになっても家中がスッキリしない。


子どもの頃から「モノを大切に」と教育されてきた私たち。どうしてもまだ使えるモノを手放すことに、良心が痛みますよね。

モノを大切にするのは確かには素晴らしいことですが……。

私は人生で大切にしたいことは、自分が自分らしくいられるコンディションだと思っています。そのために、モノが多すぎると快適に暮らせないことを知りました。

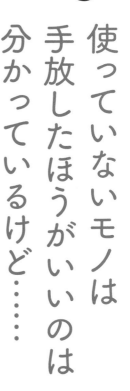

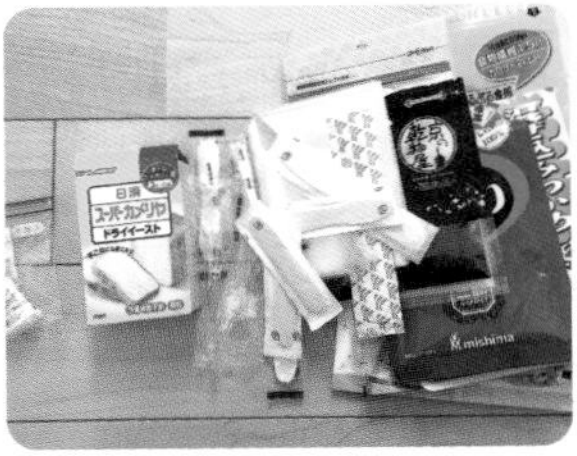

チリも積もれば山となります。使わないモノで、住宅ローンや家賃のかかっているスペースをどんどん狭くしているなんて悲しいですよね。「それでも必要？」と、自分に問いかけながら整理してみてください。

大切なお金を出して買ったモノですが、今、何が一番大切なのか、角度を変えて考えてみるとモノに対する見え方が変わってきます。

使っていないけど、なんとなくとっているモノ。それは、もう一度、お金を払ってでも買いたいモノでしょうか？

マイホームでもアパートでも住宅ローンや月々の家賃などお金を払って住んでいます。それは家全体に対して払っている金額です。つまり、収納スペースにもお金を払っている！　ということになります。

もったいなくて捨てられないからとってある。捨てたいと思っているけど面倒でそのままにしている。そういうモノがあるとしたら、わざわざそのぶんの収納スペースにも住宅ローンや家賃を払っていることになります。

そこまでして家の中に置いておきたいモノなの？　整理するときにそんなふうに考えてみると、モノを手放す決断がつきやすくなります。

どうせなら、本当に使いたいモノ、大切なモノ、好きなモノだけを持っていたいですよね。

✕ 正論　モノを大切に

◯ ズボラ　**自分のコンディションを一番大切に**

あなたはもうできています

次から次に生まれてくる家事。

それが片付いていかないことに、

「今日もまた何もできていない」

と自分を責めていませんか？

すでに十分できています。
独身の頃を思い出してください。
自分だけの時間だったのが、
今は、家族の分まで、
洗濯も、料理も、掃除も、
日々、できているんですよ。

私たち、めっちゃすごくないですか？

Column

あとは、自分がもっとラクになるように、
もっと気持ちよく暮らすために、
ちょっと整理収納、お片付けをプラスするだけです。

Chapter 5

リビング・ダイニング

あれこれ道具を出すのが面倒

あそこ汚れているから、掃除したい。だけど道具を持ってくるのは面倒くさい！　洗濯物干したいけど、わざわざベランダに行くのは億劫。もう、やることがいっぱい過ぎる……。

家をきれいに保つため、家族が快適に過ごすため、掃除、洗濯、やりたいことは無数にありますよね。やろう！　と思ったときに、そのための道具を取りに行く動作、かかる時間を考えただけで、やる気を失うものです。だって、女性は慢性的にお疲れモードですから。

私は一日の中で滞在時間が圧倒的に多いリビング・ダイニングに、こんな道具を出しっぱなしにしています。それは、

・しょっちゅう使うモノ
・出したりしまったりするのが面倒なモノ

掃除道具

コロコロや、クイックルハンディが、さっと手にとれる場所にあったら、「ちょっとやるか」という気にもなれますよね。

だから、手にとりやすくて戻しやすいリビング・ダイニングの真ん中にこれらを出しっぱなしにしています。

ただ、道具類を床に置いておくと、かえって掃除のときにいちいちどかす手間が増えるので、フックに吊るしてあります。

食事関係

毎食使うお箸やスプーン、ウエットティッシュはまとめて食卓に置きっぱなしにしています。

我が家の出しっぱなしシリーズ。
動線が短くなって、便利になりました！
部屋のインテリアになじんで存在感が消えるアイテムを選べば、意外と邪魔なものに見えません。

洗濯関係

室内用の洗濯干しは折り畳みできるけれど、どうせまたすぐ使うので、出しっぱなしにしています。しかも、リビング・ダイニングのエアコンのすぐそばにドーンと置いています。

エアコンの近くなら洗濯ものも乾きやすいうえ、子どもの様子を見ながらとか、話しながら干したり取り込んだりの作業もできて便利です。リビングから離れた場所に行って、干さなくちゃ……、取り込まなくちゃ……がなくなりました。

出しっぱなしが気にならないコツ

出しっぱなしと聞くと、散らかった部屋をイメージすると思いますが、大丈夫です。そのコツは、なるべくモノの存在感を消すこと。そのためには、似たような色合い・材質のモノを選ぶようにしています。そうすると見渡したときにごちゃごちゃ感がなく、空間になじんで、全然気になりません。

✕ 正論 生活感のあるモノはしまって隠す

◎ ズボラ 色と質感が同じなら空間になじむ

これから買い足すモノがある場合は、こんなふうに、部屋に合いそうかな？　おしゃれに見えるかな？　と考えながら選んでみるのはどうでしょうか。

使いたいときになぜか行方不明のアレたち！

食べこぼしが洋服についてしまった！　子どもの手がベタベタになっている！　ティッシュ！　ティッシュ！　こういう緊急性が高いときに限って、なぜか見当たらない……。

不思議ですよね。絶対に部屋にあるはずなのに、使いたいと思うと近くにないのがティッシュの箱や、テレビなどのリモコン類。探し当てると、なんでこんな場所にあるの？　と謎が深まります。それは家族それぞれが使った場所の近くに置いたままだから、ですよね。

ティッシュケース

私はもう、ティッシュを動かない場所に固定してしまいました。

いつもみんなが集まる部屋の中心なら不便はないと考えて、ソファの前のテーブルに置くことにしました。ただし、固定したのはテーブルの裏。100円ショップのティッシュのホルダーに両面テープを張って、設置しています。

ティッシュ箱の色柄って、どうもインテリアになじみにくい。かといって、おしゃれなティッシュケースにしても意外と邪魔になるものだし、やっぱり「どこ行った?」の問題を根本的には解消してくれません。

盲点になっているテーブル裏のスペースを有効活用。使う頻度が高いモノこそ、ここに設置しておけば、探す時間が節約できます。

でも、この方法にしてからは、「どこ行った？」がなくなるうえに、パッケージも目につかず、しかも、子どもにも手が届きやすい。これで問題が一気に解決しました。

✕ 正論 ティッシュはおしゃれなケースに

〇 ズボラ テーブルの裏に箱ごと設置

リモコン類

もうあの番組がはじまっちゃう！　というときに限って、行方不明になりがちなテレビのリモコン。ダイニング側の引き出しが定位置。子どもも簡単にリモコンを戻せます。行方不明がほとんどなくなりました。戻すのが自然にできちゃいます。

細かいモノを探す手間が面倒

この前、あそこに入れたずなのに、ない！　どこ行った〜！　としょっちゅう探す文房具。家族がちゃんと元の場所に戻してくれさえすればいいのに……。

リビングには細かいモノがいっぱいです。文具や薬、絆創膏などを入れている引き出しを整理して、その2日後に開けてみたら、うそ！
・入っている場所がごちゃごちゃ
・余計なモノが入っている
そんなありさまで、ショック……。
家族みんなが使ったら元の場所に戻せるように、子どもにも分かるようにしなければ！　と見直しました。

文房具

それぞれを入れる場所にラベルを貼りました。子どもにも分かるように、難しい漢字には平仮名も添えています。

でも、これで子どもが本当に分かるのか、この位置に戻してくれるのか不安だったので、こんなことをやってみました。「この文房具をそれぞれのおうちに戻してゲーム」です。

引き出しの中から全部中身を出して、子どもたちにゲーム感覚で、実際に戻せるのかを試してみたのです。そしたら、ほぼ戻せました！　しかも、子どもたちは本当にゲームだと思って、しかもやっているうちにどんどん楽しくなって、何回も出したり戻したり、やっていました。

ここまでやれば、もちろん夫も大丈夫。これ以降は崩れていません。

✕ 正論　家族に「片付けて！」とお願いする

○ ズボラ　**「おうちに戻してゲーム」で楽しむ**

薬類

救急箱はアイテム数が多くて、ごちゃごちゃしたエリアになりがちです。薬類はまとめて箱に入れているだけです。体温計や絆創膏はそれぞれリビングの定位置にあり、箱にはいざというときのためのモノが入っています。

引き出しはたくさんのアイテムでいっぱい。仕切りにラベルを貼って、家族みんなが定位置に戻せるように工夫すれば、出しっぱなしがなくなります。見つけやすい量を守ることも大切です。

全然使っていない家族のモノを捨てたら怒られた

どうみても何年も使っていない夫のモノを処分したら激怒されて、もう3日も口をきいてくれない。使ってないんだから、なくても同じなんじゃない？　と思って親切心でやってあげたのに、意味不明……。


このような話をときどき耳にします。

人によって、考えていることや思うこと、ましてや好きなこと、楽しいこと、辛いこと、大変なことって、本当にそれぞれ違いますよね。

「当たり前では？」と思うかもしれませんが、「私がいいと思う＝みんないいと思う」

とか、「家族だから同じ」と、油断するとついそう考えてしまう自分がいます。

・これ、いるの？
・これ、使うの？
・いつ使うの？
・どこで使うの？
・大切なの？

これは、そのモノの持ち主にしか判断できません。「相手のことを思って」とか、「どう考えてもこうでしょ？」という気がしても、答えは本人の中にしかないのです。

家族でも「大切」「使う」は人それぞれ。家族の価値観を尊重することが家庭円満のコツ。勝手に処分する前に、一人ひとりの意思や気持ちを確認しましょう。

人のモノを勝手に判断することはできません。

だから、家族それぞれのモノ、家族みんなで使うモノが混在しているリビングの片付けは難しいんです。


ある日、息子が幼稚園で作った泥団子を、帰り道にずっと大切に持っていたことがあります。でも、時間が経つうちに、結局崩れて壊れてしまって、息子はワンワンと泣き続けていました。


私には、ただの泥の塊にすぎません。

でも、息子が泣いている様子を見て、この子にとっては宝物だったんだなあ、人によって大切だと思うモノは違うんだなあ、とつくづく思いました。

「形は壊れてしまったけど、ママは立派な泥団子、ちゃんと見たよ」と言ってあげたら、息子はギューッと私に抱きついてきました。


人が大切だと思うモノや気持ちを認めることで、家族の距離は近くなります。

それは、家が片付いていることより、おしゃれな部屋になることよりも絶対に優先すべきことだと思っています。

✕ 正論 家族のモノを整理してあげる

◯ ズボラ 本人の自主性に委ねる

だから、どう見ても処分したほうがいいと思うモノでも、必ず本人に聞いて、本人に答えを出してもらいます。その答えが私にとって不本意であっても、いったんは飲み込みます。そのほうが家族関係は平和ではないでしょうか。

とはいえ、永遠に部屋が片付かないのも困ります（笑）。少しずつ整理収納のメリットを理解してもらえるように、言葉で伝えるのではなく、「暮らしやすい」「ラクだな」「気持ちいい」を実感してもらえるようにと努めています。

！

おしゃれな部屋に憧れるけど、センスがないから無理だよね

おしゃれで素敵なインテリアにしたいけど、センスがないし、真似してみてもできない気がする……。

一般的な整理収納の理論としては、先に整理をしっかりしてから、インテリアのことを考えるという順番が正しいとされています。

でも、〝理想のインテリア〟から入ってワクワクしながら整理収納をしていくのも私はいいと思っています。何を隠そう、私自身そうだったから。

北欧風のインテリアでスッキリと片付いた家って素敵だなぁ、から始まって、そのためには何があればいいんだろう？　そのモノを活かすにはどうしたらいいんだろ

う？　素敵な状態を維持するには？　……とつながって、整理収納を考えるようになりました。

✕ 正論　整理してから、理想のインテリアに近づける

○ ズボラ　理想のインテリアから入って、整理をする

欲しいモノや置きたいモノを調べてみたりするうちに、発見や学びがあり、そこから見えること、感じること、できるようになることが、きっとあります。

センスがないから無理……と最初からあきらめている人が多いのですが、大丈夫です。「色を揃える」「質感を揃える」この2点だけおさえておけば、ちゃんとおしゃれに見えます。

まずは、「これぞ！」と思うモノを、思い切って購入してみてはいかがでしょう？　それを目にして楽しい生活をするためには、そのまわりがスッキリ片付いてないと映えないので、片付けようという気持ちになってくると思います。

せっかくお気に入りの棚を置いたとしても、その上に乱雑に書類を積み重ねたら、

素敵な棚も素敵に見えませんよね。素敵に見える、自分好みの雰囲気に見えるように考えていくことから、整理収納のモチベーションにつながるのではないでしょうか。

「こんな部屋に住みたいな」という動機を大切にしてください。楽しく理想に近づけていくだけで、部屋も暮らしも、心まで、自然に整っていきます。

！モノを減らしたけれど、どうも気持ちが晴れない

掃除しやすいように、片付けやすいように、どんどんモノを減らしてみたら、家事は時短されラクになったけど、何かもの足りない、楽しい気持ちになれない……。

家事作業の効率だけを考えると、確かにモノが少ないほうが片付けやすく、掃除しやすく、手間がかからず、時短ができます。でも、ただただ効率のよさだけを追求し、モノを減らし過ぎると、無味乾燥な部屋になってしまうことがあります。

「モノは使うために作られている」。これは真実で、私もそう書きました。でも、私の家には、飾っているだけでほとんど使っていないモノもあります。

例えば、デザインと質感が気に入って買ったカッティングボード。たまーに使うだ

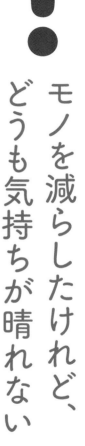

けで、ほとんど飾り棚に置いてありま す。だったら、必要ないのでは？　と 思いますよね。

でも、違うんです。これを飾ってお くとワクワクした気持ちになれるので す。このおかげでテンションが上がる なら、ちゃんと「使っている」という ことになります。

お花もそうです。飾るだけで使い はしません。でも、眺めたらきれいだ なあ、と心が和み、部屋が華やぎます よ。立派な役目を果たしています。

掃除のしやすさ、片付けの速さだけ を追求するのではなく、毎日の仕事や 家事のやる気を出すためにも、自分を

好きな人に毎日会えたら幸せですよね？　インテリアも同じ。心が躍るようなモノを飾って目にすることは、人生に潤いをもたらし、大きな意味のあることだなぁと感じています。

応援してくれるような、楽しい気持ちでいられるようなモノを飾ったりすることは、むしろ大切なことだと思っています。

✕ 正論 **実際に使っていない＝処分する**

◯ ズボラ **見るだけでワクワクする＝使っている**

ただ、それもあまりに多くなると、素敵に見えないし、トキメキも薄らぎます。ですから、やはり量は「ほどほど」に、ですが。

「〇〇〇でないと」を整理する

ＳＮＳで素敵な暮らしをしている写真を眺めていると、
あんな部屋にするためには、どうすればいいんだろう……
あんなに頑張っている人がいるから、
私も「〇〇〇でないと」……
と思いがちです。
そうできていない自分を責めて、
苦しくなってしまうことさえあります。

「〇〇〇でないといけない」と思っていると、
自分らしく生きられなくなります。
私はそう思うことはやめたつもりでしたが、
まだとらわれることがあります。
人の心って影響されやすいものなのです。
毎日、きれいじゃなくていい。

Column

絶対に、と決めない。
私は自分にそう言い聞かせています。

一人として同じ人間はいないのですから、
誰がどんな生活をしていようと、
自分は自分。
自分はどうするか、どうしたいかを
選択して生きていかないと
自分のための家、自分のための暮らし、
自分のための人生じゃなくなって
本末転倒ですよね。
自分らしく暮らせるように、自分の気持ちにいつも耳を傾けたいと
思っています。

Chapter 6

子どものモノ

さっき片付けたのに、また、おもちゃが散らかっている！

子どもに片付けなさいと言っても全然やってくれないから、仕方なく片付けて掃除もしたのに、また山ほど、おもちゃが散乱してる……。

家事に子育て、そして仕事と、一日フル稼働の女性にとって、可愛い我が子とはいえ、部屋中におもちゃが出しっぱなしだとイライラしますよね。「まったく、こんなに散らかして！」と、私も何度思ったことでしょう。

ある日、部屋中に散乱したおもちゃを見て、夫がポツリとこう言いました。

「今日もたくさん遊んだね〜」

そうなんです。確かに、子どもの大切な仕事は「遊ぶこと」。遊びを通して、楽しいという感覚を覚え、工夫したり、創作したり、たくさんの学びを得て、成長していくものです。

もちろん、せっかく片付けた部屋に、またおもちゃが散乱しているのを見ると、一瞬クラッとします。でも、「たくさん遊んで楽しかっただろうな」と思えば、気持ち

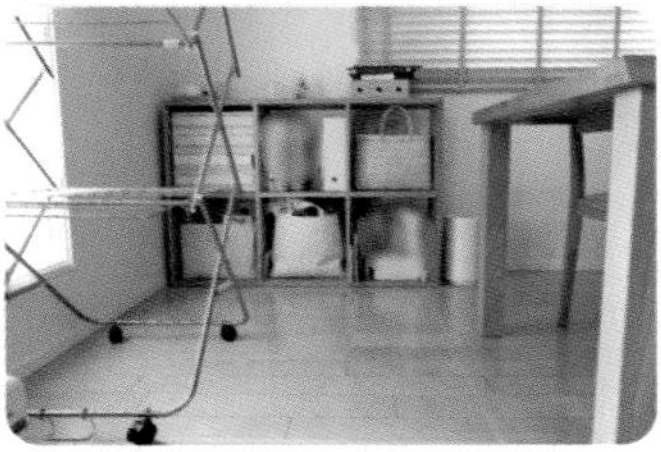

子どもはそもそも片付け方を知りません。だから気長に教えています。それに、どんなに散らかしたって、とらえ方次第でポジティブに受け止めることができます。こんなに散らかすまで楽しく遊べたって、幸せなこと！

がとってもポジティブになります。
子どもが元気で楽しく過ごしてくれていることが一番。
そこから少しずつ、子どもたちが片付けの仕方を「楽しく」覚えていくためには？
と考えるようになりました。

そもそも、子どもは片付けとは何かを知らない

小学生の娘に「片付けって、整理してからやるの？」と質問されたことがあります。大人の頭なら、「片付け」という言葉の意味を当たり前のようにイメージできるので、ついつい「片付け」とひと言にまとめてしまいます。でも、子どもにはちゃんと具体的に何をするのか伝えないと、分かっていなくても仕方がないですよね。

子どもにいきなり「おにぎりを作ってね」と言っても分からないのと同じです。おにぎりのつくり方を教えるときは、ちゃんと工程を説明します。最初は一緒にやって見せて、何度か一緒にやっていると、そのうち一人でもできるようになるでしょう。

片付けも、ただ「片付けて」ではなくて、最初は一緒にやりながら具体的に「出して、使い終わったら、元の場所に戻してね」と言い続けることで習慣化できるように

なると思います。

ただ、子どもは年齢差によって、理解力が全然違うので、私は年齢に合わせて片付け方を工夫して教えています。幼少期は楽しさがないと何ごとも続きません。ゲーム感覚を取り入れて、遊びながら、気が付いたら片付いてる！　スッキリ、きれいになるって気持ちいい！　をたくさん覚えていってもらいたいと思っています。

子どもの片付け初歩編

大人の片付けでも同じですが、使っているモノ、もう使っていないモノを整理しないと、どんどんおもちゃは増えていってしまいます。

片付けをするとき、使っているモノ（大切なモノ）は右に、使っていないモノは左に、という「分ける」を一緒に続けていくと、だんだん一人でも「分ける」ができるようになり、さらに「使っているモノだけをしまう」ができるようになりました。

✕ 正論　小さいうちは親が片付ける

○ ズボラ　**一緒に右と左に分けていく**

ただ「自分が遊んだんだから、片付けてね」と声をかけても、それでは楽しそうに感じてくれないので、動きません。

ましてや、初めからすぐに全部できる子なんて、いないと思います。思い通り片付けてくれなくても、繰り返し片付けを一緒にやっていくことが大切かなと思います。

できれば、小さいうちから、遊びながら整理をすることを覚えておくと、使うモノの優先順位が分かって、将来的にも、やみくもにモノを増やすことはなくなるように思います。

幼稚園児のお片付け、どこまでやれるの？

幼稚園児だから、片付けられなくても仕方ない……と思いながらも、部屋中におもちゃが広がったまま、のんびりテレビを観ている姿を見ると、深いため息が出ます……。

どうやったら幼稚園の年齢で片付けを覚えてくれるのか、息子の様子を見ながら、私も試行錯誤をしています。やっぱり少しでも自分で片付けてくれたら助かりますからね。

だんだんと幼稚園児のお片付けのポイントが分かってきました。

①「いる」「いらない」の判断は難しい→聞けば、全部「いる！」になってしまいます。この判断は、幼稚園児には難しいみたいです。

②「分ける」はできる→分類して（シール類、ぬいぐるみ、本、レール、工作など種類別に）

グループにまとめることはできます。
③元に戻すこともできる↓きちんと戻す場所が決まっていれば、元に戻すのはできます。
つまり、自分で出したモノを片付けることはできるのです！

一緒に「片付けマリオゲーム」をやってみると？

ある日の夕方、お見事！　というほど部屋いっぱいに遊んだモノが大散乱していました。そこで、タイマーをかけて、一緒に「マリオごっこで片付けゲーム」をしました。片付け自体を遊びにするという発想です。
「タイマーの針がここまでに片付けよう」とルールを伝えると、時間が迫るゲームのドキドキ感で、息子は張り切って片付けをスタートしました。

タイマーが楽しくお手伝い！タイムアウトが迫るゲーム感覚なら、子どもはやる気になって片付けられます。片付けって楽しい！スッキリして気持ちいい！と、自然に身に付けてくれるといいですね。

✕ 正論 「遊んだら片付けて」とさとす

◎ ズボラ 片付け自体を遊びにする

ただ、息子は「クリボー」になったのですが、悪役？ だったのか、いたずらばかりではかどらず……。配役設定が悪かったみたいです（笑）。

きょうだいのモノがごちゃごちゃになって、ワケが分からない!!!

「人のモノを勝手に使った！」「いや、使ってない！」で揉めて、しょっちゅう、きょうだいゲンカ。もう！　自分のモノは、自分でちゃんと管理できないの？

「100円ショップで好きな文房具を選んでいいよ」と言って買いに行ったら、きょうだいで同じモノを選びます。お姉ちゃんは「真似しないで」と言いますが、弟はお姉ちゃんと一緒じゃないと泣く。それで結局同じモノを購入します。
すると、案の定、誰のモノだか分からなくなるので、置きっぱなしのモノを見て、私がしょっちゅう「この片付けてないの、誰の？」とイライラ口調で言うように。

そんなことが続くうちに、子どもたちが区別するために自分たちで考えて、それぞれの持ち物に色のシールを貼っていたのです。「いいこと考えたなー」って、とても感心しました。ところが、お姉ちゃんのモノは青。弟のモノはピンク。男の子は青という一般常識に染まってしまった私の頭では、間違えやすい！（笑）

それでも、このシールを使った区別の仕方のおかげで、きょうだい間のいらぬモメ事は少なくなるし、整理しやすくなって、と〜っても助かっています。

きょうだいそれぞれの「おうち」を決める

どれが誰のモノかが分かっても、ちゃんと戻してくれないとお片付けになりません。6歳と8歳という年齢なので、無理に片付けようとは言わず、一緒に片付けをします。

片付けの基本「元の場所に戻す」がしっかり身に付くように、自分のモノに、それぞれの定位置（おうち）を持たせるようにしました。テレビ収納の一部を姉用、弟用と一つずつ決めています。毎日「おうちに帰らせてね」と繰り返すうちに、自分で自分の定位置にしまう姿も増えてきました。

子どものモノって、なんでこんなにもごちゃごちゃになる!?

小さい子どものモノって、不思議と細かいモノが多い。カードが1枚なくなった！　としょっちゅう泣いて大騒ぎ……。

子どもにとって楽しいおもちゃ。でも片付けの観点で見ると、バラバラになりやすいモノが多いですよね。そして、なぜかなくしやすい。

カルタも子どもが自分で片付けると、絵札と読み札をごちゃごちゃにまぜたまま箱に入れてしまいます。カルタの片付けは、小さい子にはハードルが高いと思います。

うちでは中身が見えるファスナー付き・色付きの袋に入れています。

まず、カルタのセットごとに、袋の色を変えています。

そこに、ラベルとして「えふだ」「よみふだ」と書いて貼ってありますが、パッと見てすぐ分かるように絵札と読み札の写真をそれぞれの袋に付けて、分かりやすく片付けができるようにしてみました。

輪ゴムを使ってまとめることはまだできないので、今は袋に入れるだけです。

✕ 正論 購入時のパッケージにしまう

◯ ズボラ **透明な袋に入れ替える**

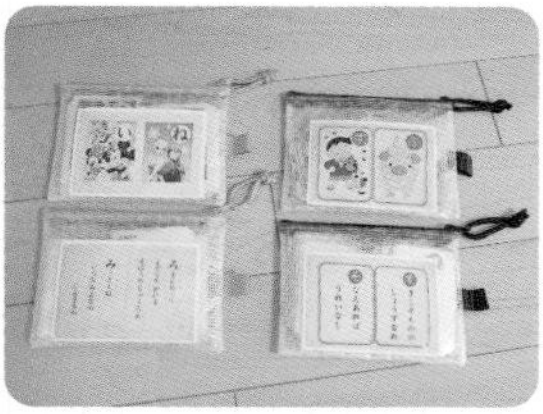

パッと見て、どこに何をしまえばいいのか伝われば、子どもは自分で片付けができるようになります。楽しいラベルを工夫したり、仕分けしやすい袋を用意して、少しずつ覚えてもらいましょう。

ジップロックも強い味方

UNOのカード、トランプ、小物は、ジップロックで整理すると、ばらばらにならず、とっても便利。

リビングにあるおもちゃ収納のバッグの中でも立てて入れることで、上から覗いたときに分かりやすいし、取り出しやすく、とても便利に収納できます。

！毎日のルーティン。そろそろ覚えてくれないかな

少しだけでも子どもが自分のことは自分でやったり、お手伝いしてくれたら、どんなに毎日がラクになるだろう……。

毎日、やることがいっぱい。子どもが少しでも何かを手伝ってくれたら、助かるだけじゃなく、なんとなくうれしいですよね。我が家では、子どもが楽しく自分で自分のことをやったり、手伝ってくれたらいいなと思って、「できたよマグネット」を使っていました。

丸形のマグネットには、歯をみがく・手洗い・うがい・おふろにはいる・じゅんびする・しょっきをはこぶなど、毎日習慣づけて欲しい項目が書いてあります。それらができて、マグネットをひっくり返すと、「できた！」の文字とニコニコマークが出てくるのです。

予備の白いマグネットが入っているので、うちではそこに子どもそれぞれのイニシャルを書き、「全部できたら自分の名前のマグネットをひっくり返そうね」と約束しました。

このマグネットをひっくり返したいがために、子どもたちは、自ら進んで手を洗ったり、着替えてくれたり！ 子どもの興味を持つやり方で、楽しく、一緒に、「やる気」と「できた！」を引き出せたらいいなと思っています。

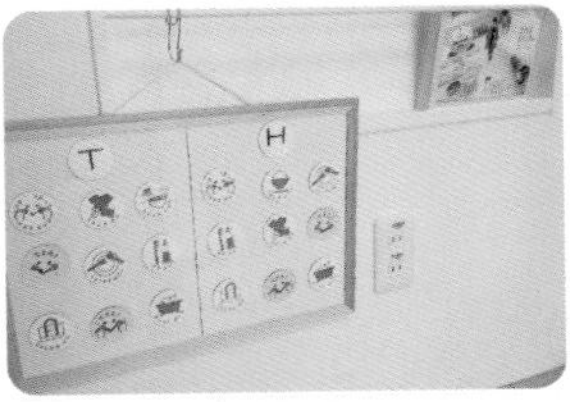

子どもは楽しいことが大好き！
遊び感覚を取り入れたら、お手伝いや自分のことを積極的にやってくれるようになりました。
大人の私だって「楽しいことならすぐにやろう！」と思いますから(笑)。同じですよね。

何かができたら、「お利口だね！」と私は言わないようにしています。だって、何かができること＝お利口というのは違うと思うのです。だから、私の気持ちのままを伝えています。「ありがとう」「助かったよ」「やってくれてうれしいな」などの言葉です。

シールや言葉かけの効果なのかは分かりませんが、だんだんとお姉ちゃんは自分でできることが増え、机を拭いたり、料理などのお手伝いをしてくれるようになりました。それを見て、弟も自然と真似てやるようになり、助かっています。

！手が離せないときに限って、「ママ、喉渇いた〜」

お休みの日はいったい何回言われるんだろう。「ママ、喉渇いた〜」という言葉。そのために何度も家事の手を休めないといけない……。

子どもが小さいと、普通の家事に加えて、いろいろな世話がプラスされます。ほんのちょっとのことでも自分でやってくれたら、ホント助かります。

たとえば、「喉渇いた〜」「お茶ください」のお願い。

お茶を飲むのは自分でやれるのでは？　と、テーブルに冷たい麦茶を入れたポットとグラスをセットしました。お茶を入れてもそれほど重くならないサイズのポットなら、幼稚園児でも扱えるので、一日に何度もやっていた世話がなくなりました。

自分でやってくれるとラクで楽しい！　と思った例がほかにもあります。

息子のお誕生日に何が食べたい？　と聞いたら「バイキング」という答えが！

そこではじめて、料理をカウンターに並べ、自由に取って食べるスタイルにしたら、目新しい光景に子どもたちはとっても楽しそう。私はいちいち子どもたちの分を取り分けるということをしなくて済むので、自分もゆっくり一緒に食べられました。

× 正論　料理は親が取り分けてあげる

○ ズボラ　**バイキングなら自分でやりたがる**

お誕生日じゃなくても、忙しい日はバイキングスタイルにするのは、いいアイデア！　と思いました。

ラクで楽しいバイキング形式。子どもたちのうれしそうな笑顔で、こちらまで美味しさがアップします！　忙しい日を助けてくれる一石二鳥のアイデアです。

！

朝のバタバタ、なんとかならない？

前の夜に用意しておけば？　と子どもに何度言っても、毎朝、何着る？　あれどこ？　時間ない!!!　脱ぎっぱなしで「行ってきまーす」の繰り返し……。

登校、登園を終えたあとの静かになった部屋で、子どもが脱ぎ捨てたパジャマを拾うときの虚しさ……なんとかならないか、ずっと思っていました。

子どもの毎朝のバタバタ、私の子ども時代はどうだったかな？　と思い出すと、やっぱり母に「前の日に用意しなさい！」と言われていたような……。

これはいつの時代にも繰り返されていることなのかもしれません。つまり、なかなか子どもが身に付けるのは大変なのかもしれないですね。繰り返し繰り返し、元の場所に戻す、を体で覚えてもらうしかないのかも。

パジャマ脱ぎっぱなし問題

我が家は、洋服もパジャマも寝室ではなく、リビングで脱ぎ着をしています。子どもって、お母さんが見えるところにだいたいいるので、こういうご家庭は多いんじゃないでしょうか?

夜にまた着るパジャマが脱ぎ捨て! という状態にならないよう、リビングにパジャマ用のボックスを置いたら、そこに自分たちで入れるようになりました。くしゃくしゃに投げ込んでいようが、まずは定位置に戻したことでよし! としています。おかげで私の朝の虚しさが減りました。

✕ 正論 パジャマは寝室に片付ける

◎ ズボラ **リビングのボックスに投げ込みOK**

バタバタさせない動線を考える

バタバタの原因のひとつは、身支度のときに、あっちに取りに行って、こっちに取りに行ってという動きだと思い、それを見直しました。
・いつもいる場所にまとめる
・通り道に置く
リビングで着替えているのだから、子ども服はリビングのテレビ収納の中に入れていました。いまは2階に変えましたが、長いことこれをやっていて、よかったなと思います。

開ければ、何がどこにあるか分かりやすいシールを貼って分別しておくと、自分で選んで着ることができます。

最後に履く靴下や、ハンカチなど、ちょっとした持ち物は玄関スペースに小さな引き出しを置いて入れました。

✕ 正論 靴下はクローゼットの引き出しに

◎ ズボラ 玄関に身支度コーナーを作る

子どもたちが一番いるところ、必ず通るところにしまったら、バタバタがずいぶん

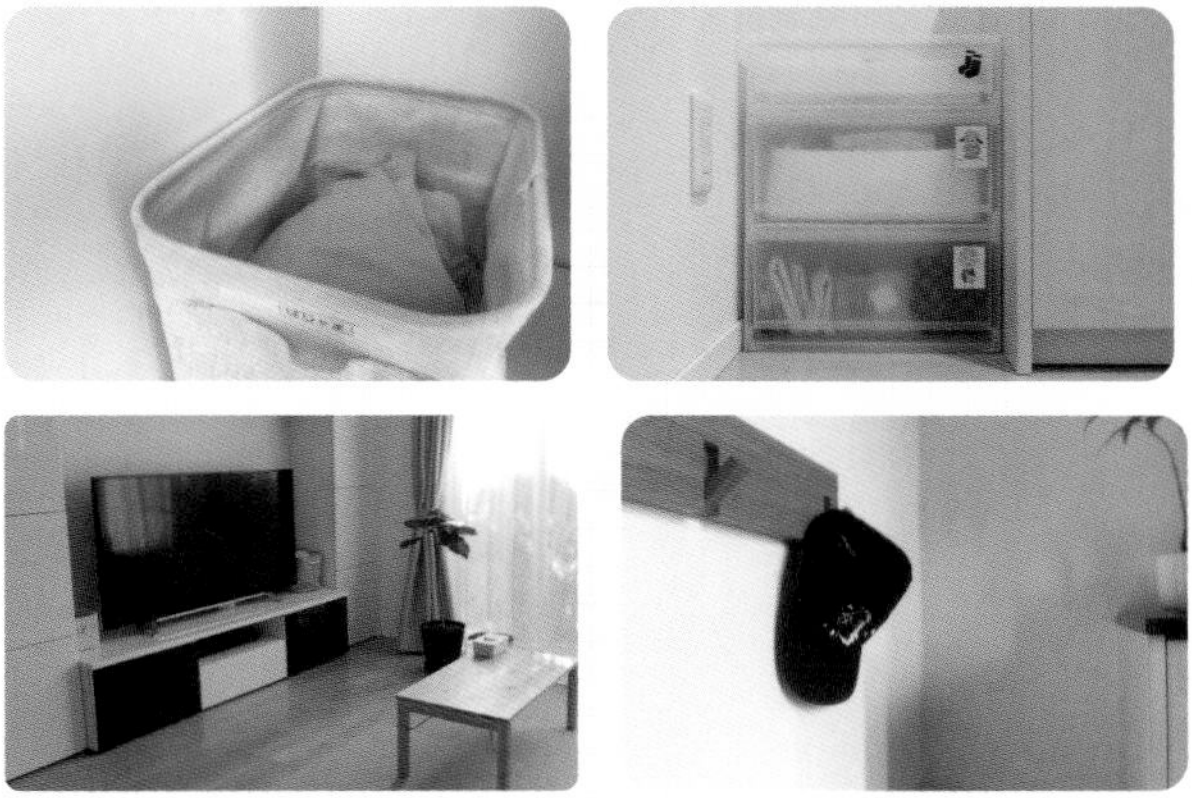

子どもの行動パターンに合わせた収納。常識的には「これを置こう」と思わない場所もどんどん利用することで、子どもも自分もラクに快適に！　意外なところに便利に使える収納場所がきっとあります。

なくなったのです。

　でも、まだまだ小学生と幼稚園児。

もちろん完璧にはできませんが、自分が出かける準備をするときにラクな置き場所を覚えてくれたら、大人になったときに役に立つかなーと思っています。

玄関に子どもの靴が散乱！

玄関の靴を下駄箱にしまってきれいにしたのに、子どもが帰ってきたとたんに、靴を揃えないどころか、脱ぎ捨ててある！

子どもが家に帰ってくるときって、早く話したいことがあるのか、興奮気味に家に上がるので、靴の脱ぎ方がひどくなりますよね。毎日のように口にする「揃えなさい」は何とかならないものかとずっと思っていました。

ありました！　楽しい雰囲気で、子どもに礼儀作法を教えられるモノが！　それは壁に貼るメッセージシールです。

「きれいにならべてくれてありがとう」

このメッセージをはじめて読んだとき、子どもはニッコリ。それから、靴を揃えて並べることができるようになりました。並べたら、周りの人も自分も気持ちいいということが伝わったようです。

✕ 正論 「脱いだら揃えなさい」としつける

◯ ズボラ **可愛いシールで思い出してもらう**

以前は、玄関のタイルに靴を並べる位置が分かるように、足形のシールをタイルに直接貼っていました。でも、靴を履いたりするたびにどうしても剥がれやすかったのですが、これなら取れることもありません。子どもが座ったあたりの目線になるように貼ったので、何気なく意識でき、私が言わなくても、だいたい靴は揃えて脱げるようになってきました。

お寺や神社の下駄箱に「脚下照顧」という言葉が書かれています。靴をきれいいに並べましょうという意味で、昔から足元の乱れは心の乱れにつながると考えられているそうです。なんて子どもたちに説明しても伝わらないかもしれませんが、楽しい工夫で、小さい頃から身に付けてくれるといいなぁと思っています。

学校の宿題やお知らせを毎日出し忘れる

登校時間の寸前になって、「この手紙にハンコちょうだい！」ですって!? どうして、子どもって親が確認しないとならない学校からのお手紙や宿題をちゃんと出してくれないんだろう……。

うちの娘も何度言っても、学校からのプリントや宿題をなかなか自分から出しませんでした。

解決策を考えて「どうやったら出せる?」「郵便ポストみたいなのあったら出せる?」と娘に聞いてみたら、「出せる！」と言うので、玄関のシューズボックスの扉にポストをつけることにしました。

使いやすそうなモノを探してみたのですが、しっくりくるのが見つからず、セリアの半透明ボックスに行き着きました。

この娘専用ポストを設置してから、いつも「プリントは？」「宿題は？」と聞かなくてはならなかったのが、ついに自分から出せるように！

正論 「宿題は？」とマメに聞く

ズボラ 専用のポストを設置する

自分の専用ポストがあるって、子どもにはとてもうれしいようです。必ず通る場所に用意してあげると出し忘れが少なくなって、こちらも大助かり！

しかも、その延長線上で、お弁当箱や体操着などの洗い物も自分から出せるようになったのです。「帰ってきたら出す」ということが習慣になったようです。

娘が帰ってきて、まだ出してないな、というときも、少し待ってみると、ちゃんとポストに入れています。

子どもにやりやすい方法を聞いて、一緒に考え、時には待つ。子どもって、自分で決めたことは、結構やれるということを学びました。

贅沢な悩みかも

子どもって可愛い。
だからこそ、心配したり、こうだったらもっといいのに……
と、つい思ってしまいます。

ある日、夫の前で「子育てって難しいね〜」と、
何げなくつぶやきました。
すると、
「贅沢な悩みなのかもね」

夫のその言葉に、はっとしました！
ご飯が食べられて、家族と笑っていられる。
このありがたい暮らしが、
当たり前になってしまっていたかも。

Column

子どもはあっという間に大きくなることでしょう。
ママ、ママって頼ってくれるのも、あと何年？
今を大切に過ごしたいな、と思った出来事でした。

Chapter 7

番外編

布団を畳むの面倒くさい！　やっぱりベッドにしようかな

ベッドをやめて、布団を敷くようにすれば、部屋も広く使えるのは分かってるけど、布団の出し入れを考えると、無理かも……。

布団の上げ下ろしって、力はいるし、朝に晩にそんなことできない！　と思っていました。でも、家のスペースをなるべく広く使いたかったので、我が家はベッドではなく布団を敷いて寝ています。そして、朝起きたら、布団を押し入れにしまいません。出しっぱなしです！

✕ 正論　布団は毎朝、押し入れに

◎ ズボラ　**布団はずっと出しっぱなし**

ビックリされるかもしれませんが、寝室はプライベートスペースなので、お客さまが急に入ってくることもありません。家族同士なら、布団が出しっぱなしでも全然ＯＫです。

朝起きたら、乾燥とスペース確保のため、布団は起こして壁際に置き、掛け布団は室内用の布団干しにかけるだけ。枕は風を通して完了です！　この作業は2分で終わります。

外での布団干しは？

外に干すことはほとんどありません。頻繁に外に出して干さなくても、布団の下に除湿シートを敷いているのでジ

布団はしまいません！
我が家は快適布団生活にチェンジしました。昼間はスペースも確保できて、いいことずくめです。ベッドが主流の世の中ですが、布団に対するイメージを変えてみませんか？

メジメすることもなく快適です。
我が家は「さらっとファイン 東洋紡 モイスファイン」を愛用しています。布団の手入れはこの除湿シートについたゴミをたまにコロコロで取るだけ。

✕ 正論 天気のいい日は外に干す

○ ズボラ 除湿シート&コロコロで完了

布団生活も5年目ですが、スペースを有効に使えるし、これからもずっと布団派でいいと思っています。

布団のカバーやシーツの交換、時間がかかり過ぎる

布団のカバーを洗いたいけど、脱着に手間がかかるからやりたくない。家族全員の分までやったら、くたびれちゃう……。

ホント、布団のカバーをつけるは大変過ぎて、つい後回し。ということが前はたびたびありました。苦手な家事の上位！　と思っていたときに、母から「これいいらしいよ」と聞いて、即購入した、すごいカバーを使っています。

とっても、とっても簡単にカバーを脱着できる無印良品の「綿三重ガーゼ 掛ふとんカバー」。三重ガーゼなので肌触りもとってもいいんです。特徴は次の4つ。

・するするーっと布団にカバーがかかる
・ファスナーがない。スナップボタンを留めるだけ
・今までより断然早く脱着できる

今まで感じていたプチストレスがすべて解消できるカバーで、とても助かっています。

シーツは使っていません。敷パッドの上にそのまま寝ています。敷きパッドは四角（よすみ）を布団に引っかけるだけで取れることもなく、外すのもラク。週に1回くらい洗って使ってます。

✕ 正論 敷布団にはシーツをかける

◎ ズボラ 敷パッドの上にそのまま寝る

敷パッドの下は防水シーツを敷き、子どものおもらしの対策をしています。これも四角を布団にかけるだけで着脱がカンタン。そもそも布団派になってから、ベッドの下の掃除機かけが大変だったのが、とてもラクになりました。

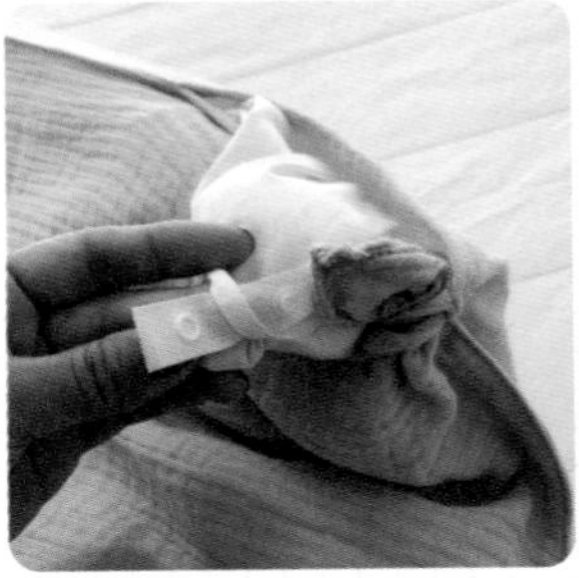

ベッドのマットは重くて、ボックスシーツを取り替えるのはひと苦労ですが、布団なら、着脱がとってもラク！　もうベッド生活には戻れそうにありません。

エアコン、そろそろ掃除しないとヤバい

しばらく使ってなかったエアコン、季節が変わって久しぶりに付けてみたら、なんだかちょっと臭う!?　そういえば、しばらく掃除してなかったけど、エアコン掃除は大仕事……。


エアコンの掃除って、そもそもどうやるの？　って思いますし、なかなかの大仕事で、自分でやろう！　と思うには、気合が必要ですよね。

エアコンの掃除は、自分でやればお金もかからないのは重々承知ですが、私は割り切ってプロにお願いししています。

プロが掃除してくれた作業後の汚れを見たら、とても素人じゃ無理！　お願いしてよかった〜、と感動しきりです。費用はかかるけど、素人には手の届かないところをちゃんとメンテナンスしてもらえば、故障して買い替える頻度も少なくなるのでは？

それなら掃除の費用と相殺できるんじゃない？　と納得しています。

✕ 正論
節約のため、できることは自分でする

◯ ズボラ
プロの力を借りて、長い目で節約する

ほかにもプロの手を借りてよかった、と思ったのは、洗濯機の掃除。何年も使った洗濯機ですが、見た目はきれいだけど、見えないところはヤバいんじゃないかな〜と思って、プロにお願いしました。やっぱり、すごいことになっていました……。洗濯槽クリーナーなども使っていたのに、予想を木っ端

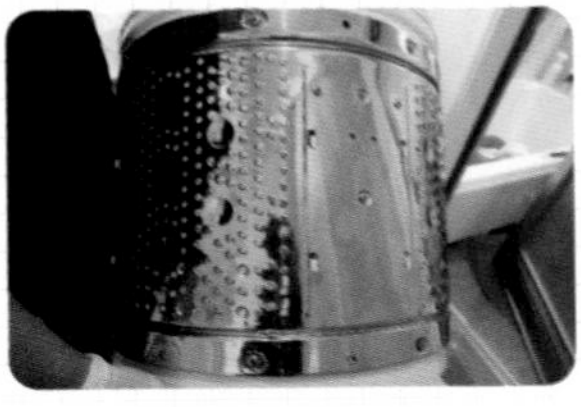

エアコンの奥や、洗濯槽の裏側の清掃は素人にはなかなかできない領域。費用がかかってもプロにお願いすることで、きれいが長持ちするので、お得な出費かな、と思います。

みじんに裏切られるほどの汚れ！
ホントは汚いんじゃないかな、大丈夫かな？　と思いながら使っていたストレスがなくなって、また気持ちよく使えるようになりました。

費用はかかっても、衝動買いでプチストレス発散したりする無駄遣いを考えると、負担が大きい掃除や、素人では手が届かない掃除は、プロフェッショナルの力を借りるのは賢い家事のやり方のように思っています。

お金の管理が不安でたまらない

あれも買いたい、あそこにも行きたい。でもお金のことを考えると、このままでいいか不安になる。でも、毎日バタバタでゆっくり考える時間がないので、ずっと不安……。


一家のお財布を預かっている女性は、お金のやりくりもひとつの家事です。我が家は、夫が転職をした頃、予想以上に収入がダウンして、苦戦の日々が続いたことがありました。私も少し仕事をしていましたが、それでもちょっと厳しかったのです。

夫は私に「何でもやりたいことをやっていいよ」といつも言ってくれます。でも、あの時期、夫の勉強のためのセミナー費用がなかなか高額で、行かせてあげたいのにすぐに「いいよー」と言ってあげられなかった自分が辛かった。

もっと貯金があれば……、なんて嘆く期間があったのです。でも、それは、漠然とした不安だということに気がつきました。

そこで、これから実際どのくらいお金かかるんだろう、と予定をノートに書き出してみました。一年間の予定を確認し、大きな支出（車検や自動車税など）／決まっている出費（お誕生会・セミナー費用など）／生活費（光熱費・食費など）を書いてみたのです。すると、「確かにお金はかかるけど、このくらいか」と分かっただけで、気持ちが落ち着いてきました。

お金に対する不安や怖さは「いくらかかるか分からないこと」と「急な出費があること」なんだと思います。これをしたおかげで、予期せぬ出費をなるべく出さないように、前もって予想や準備をしておくことによって、心が少し整理された気がしました。

お金がどのくらいかかるのか、漠然とした状態では不安は消えません。ノートに出費の予定を全部書き出してみると、頭の中が整理され、具体策が見えてくるので、安心できるようになります。お金以外の不安なことも書き出してみるといいかもしれません。

おわりに

自分で選択することで自分らしく生きられる

家をきれいにしたい――。片付けようと思う動機は、いろいろあって、どれも正解。続けようと思うモチベーションを保つために、動機のその先を考えるのもひとつです。

みなさんの、本当の願いはなんですか？

私の場合は、「自分らしく生きたい」です。

その私の願いを叶えるために、自分がラクできるあれこれを考えながら暮らしています。

好きなインテリアを飾るのも、面倒だからと洗濯干しをリビングに置いておくのも、家族の一員の私が、ご機嫌でいられるように。

その先が、家族と気持ちよく、楽しく……に、つながっています。

私もダメダメな日もあります。整理収納アドバイザーの私ですが、その前に一人の人間。やる気のない日、疲れた日、毎日コンディションが違います。

夕方の6時になっても、部屋は片付いてない。

夕飯の準備も全然できてない。

そんな日もあります。365日完璧な生活なんて、とてもできません。

自分が無理しすぎて、だんだんイライラして、それで家族にあたってしまうくらいなら、家事をやらない日があっていいと思います。休みたいときは休むのも大切。それが「暮らし」というものじゃないかな。自分のペース、自分らしさが最優先です。

でも、「自分らしい」って、分かるようで、分かっていない言葉かもしれません。

育ってきた家庭環境によって、選択の制限があったりして、自分のことを自分で決められなかった人も多いと思います。

私もそうでした。それで、「自分らしさ」が分からなくなってしまっていたのです。

片付けを通して私は「自分らしさ」を知った気がしています。

たった一つの引き出しでも、自分で、あれこれ考えて、モノを選択し、自分にとって一番ラクな収納、スッキリ感じること、好きなモノを自由に選択できます。

その引き出しの中には、紛れもない「自分らしさ」が目に見えます。


そして、最終的に選択や判断できるのは「自分だけ」ということ。

自分で判断したからこそ、その行動に責任を持てたり、自信が持てたり、思いっ切り楽しめるんだということを知りました。

どんな些細なことでも自分で選択する。その選択が、自分らしさ、そして暮らし全体に波及していくのだと思います。

引き出し一つに始まって、部屋の中、家全体、暮らし、時間、考え方や人生そのもの……。

失敗したな、と思っても、自分の選択だから誰のせいでもありません。誰にも迷惑はかかっていません。

また自分で好きなようにやり直せばいいだけのこと。そう思えるようになってから、とっても気がラクになり、毎日が楽しくなり、幸せになりました。

片付けは人生を変えられます。

そして、片付けると暮らしがとってもラクになります。

「片付けしたいな〜」と思う時、それはあなたが暮らしを変えるチャンスです。

・新生活が始まる時
・子どもが進学する時
・衣替えの時
・人が家に遊びに来る時
・ふと時間が出来た時
・お菓子作りに目覚め、キッチンが使いにくいと感じた時

理由はなんでもいいんです。片付けたい気持ちが出てくれれば、あとはこっちのもの！

始めてみなければ、何も変わりません。

大事なのは、1カ所でもいいので、〝まずやってみる〟こと。やってみたら、「一つひとつは簡単だなぁ」「こんなにスッキリするんだ」「暮らしやすいってこういうことか」と感じると思います。

それが分かってハードルが下がると、習慣にできるようになります。

そうなると、いつの間にか家全体が整って、自分らしい暮らしに変わっていきます。

なにより、片付けを通して「自分で選択する」ことで、自分らしい人生を生きられます。

片付けをすることは、自分らしく生きる第一歩になるのです。

最後になりましたが、この本にご協力くださったみなさま、大切な時間を使っていただき、ありがとうございました。そして、こうして本にすることができたのも、いつも応援してくださるみなさまのおかげです。

本当にありがとうございます。

kayoko

暮らしが整う「片付けない」片付け

発行日　2021年11月12日　第1刷

著者　kayoko

本書プロジェクトチーム
編集統括　柿内尚文
編集担当　小林英史
編集協力　深谷恵美、小野めぐみ（株式会社小瑠璃舎）
装丁　細山田光宣＋奥山志乃（細山田デザイン事務所）
イラスト　サンダースタジオ
校正　植嶋朝子

営業統括　丸山敏生
営業推進　増尾友裕、綱脇愛、大原桂子、桐山敦子、矢部愛、寺内未来子
販売促進　池田孝一郎、石井耕平、熊切絵理、菊山清佳、吉村寿美子、矢橋寛子、遠藤真知子、森田真紀、高垣知子、氏家和佳子
プロモーション　山田美恵、藤野茉友、林屋成一郎

編集　栗田亘、村上芳子、大住兼正、菊地貴広
講演・マネジメント事業　斎藤和佳、志水公美
メディア開発　池田剛、中山景、中村悟志、長野太介
管理部　八木宏之、早坂裕子、生越こずえ、名児耶美咲、金井昭彦
マネジメント　坂下毅
発行人　高橋克佳

発行所　株式会社アスコム

〒105-0003
東京都港区西新橋2-23-1　3東洋海事ビル
編集部　TEL：03-5425-6627
営業局　TEL：03-5425-6626　FAX：03-5425-6770

印刷・製本　中央精版印刷株式会社

Printed in Japan ISBN 978-4-7762-1156-3